[英] 约翰·朱利叶斯·诺威奇 著　蔡雨玹 译

后浪出版公司

四君主

FOUR PRINCES

亨利八世、弗朗索瓦一世、查理五世、苏莱曼大帝的纠葛与现代欧洲的缔造
Henry VIII, Francis I, Charles V, Suleiman the Magnificent and the Obsessions that Forged Modern Europe

民主与建设出版社
·北京·

献给莫莉

目　录

前　言 …………………………… 1

1　股掌之间 ……………………… 1

2　"年壮气盛" …………………… 35

3　"徒留虚名" …………………… 71

4　"够了，我的孩子！" ………… 111

5　"如同苏丹的兄弟" …………… 145

6　"令我们的国土不得安宁" …… 173

7　"不无悲伤" …………………… 203

8　卡洛斯修士和"获胜的鼓声" … 225

9　值得称颂 ……………………… 263

参考文献 ………………………… 271

出版后记 ………………………… 273

前　言

哈尔国王，耿直豪爽；
劲头满满，六后在旁。
三个凯特名列教堂结婚预告之上，
叫珍的有一个，叫安妮的有一双。

在我大概4岁时，我知道了这几句诗文及其后面的几个诗节。这些诗句出自赫伯特·法吉恩和侬尼洛·法吉恩所写的《国王与王后》一书。这是本很精彩的书，随手摊开这本书，左侧页面都印有一位君主的全彩图片，右侧页面是一首诙谐的小诗。我的母亲买了两本，她把书剪开，然后把书中图片贴在儿童房的一面隔板上。因此这些君主几乎是陪着我成长，而且我记不起我有认不出他们所有人及其排列次序的时候。因为隔板上的国王是从"征服者"威廉开始，每一列有六位国王或女王，所以亨利八世是第四列的第二个国王。我觉得我对他再熟悉不过了。

认识弗朗索瓦花费的时间稍长一些。可叹的是，法吉恩姐弟根本没有为法国史花费和英国史一样的工夫，而且在第二次世界大战以前，英格兰的小学历史教育极为狭隘：除了我们在国外打的胜仗，比如阿金库尔战役和布莱尼姆战役，从来没有人告诉我们欧洲正在发生什么。对于英军在20世纪之前几乎从未踏足过的意大利，我们一无所知，1806年的马伊达之战（麦达维尔区［Maida Vale］名称的出处）是我能即时想起来的唯一一场战斗，当然也没人给我们讲过意大利的事情。我们只对西班牙略有耳闻，知道的主要是无敌舰队的故事。至于绵延千余年、主宰文明世界数个世纪的拜占庭帝国，在进入牛津大学之前，我几乎没听说过它。不管怎样，要等到我们移居法国后我才能了解弗朗索瓦。在法国时，在我和父母前往南部的途中，我们常在枫丹白露宫前驻足，我还曾在卢瓦尔河谷城堡群中骑车游玩。

查理五世更是一个挑战。在我性格形成时期，倘使我们偶尔会想到他，我觉得我们也是把他视为一个德意志人，而且，既然我们正与德国交战，我们就会自然地冷淡对待他。（当然，他也是个西班牙人，但那时我们对西班牙同样没有多大兴趣。）必须一提的是，我们也不喜欢他的长相，他长着那种可怕的哈布斯堡下颚和下巴。除此之外，他曾与大部分圣公会学校十分追捧的马丁·路德作对。当我在写作那本《教皇史》时，我对查理五世有了一定的了解。"他没什么想象力，"

我写道,"也没有自己的想法"。现在我惊觉,这么说有失公允。他的才智确实比他极其乏味的儿子腓力二世高出许多。无论如何,在我开始写作现在在您手中的这本书前,他在我心中依然是一个有些模糊的人物。

下面再说苏莱曼大帝。当然,他一直是个外人。但那些英国预备学校和公学提到过奥斯曼帝国吗?这些学校讲过莫哈奇之战——中欧发生过的最大的战役之一——吗?或是讲过土耳其人是如何两次兵临维也纳城下,又是如何令众人极为惊奇地在1543年包围并洗劫了尼斯城(该城偏偏还有一支法国军队的大力支持)吗?当然,这些学校都没有讲过。我想我是从20世纪70年代开始了解苏莱曼的,我只能尽我所能地了解他,因为除了他的少数几名心腹,没有人足够了解他。当时的契机是,我为英国广播公司制作了一套关于古代土耳其的六集系列片,其中最后一集是关于奥斯曼帝国的。关于苏莱曼的传记为数不多。吉尔福德学院院长安东尼·布里奇曾写过一部,但用英语写作的权威版本还没有面世,而且写作这样一部著作并不容易。由于1928年凯末尔·阿塔土克引入了拉丁字母系统,旧有的阿拉伯字母此后不再在土耳其学校教授。结果,除了少数学者,土耳其没人能读懂在此之前出版的书籍。

亨利、弗朗索瓦、查理和苏莱曼,我是从什么时候开始将他们整体视为一个独特的现象和一本书的潜在主题的呢?我想,第一次有这种想法是在10或12年以前,也就是在我写作《地中海史》的时候。但是当时这个想法只是一个模糊的主意，而且当时我还在考虑其他问题。仅仅 5 年后，这个想法开始初现雏形——虽然我当时的主要关注点在于诸位教皇。兹四者是何其伟岸！他们的光辉是多么夺目，令古人来者皆黯然失色！当其百年，所遗镌镂一何深远！当我想到这些，我确信，那里的内容足以写出一本书。我希望本书就是这样一本书。

约翰·朱利叶斯·诺威奇
2016 年 4 月

*本书地图均系原书地图

1

股掌之间

The Hollow of Their Hands

16世纪初是一段非凡的岁月。中世纪封建制度下的欧洲正在快速转变成民族国家林立之地；西方基督教世界的统一面临着前所未有的危机，而16世纪还没过完四分之一，这种统一确实瓦解了；在连续几代雄才大略的苏丹的带领下，奥斯曼土耳其人正从各个战线向西方涌来；新大陆的发现给西班牙和葡萄牙带来了巨额财富，这种情况使传统的欧洲经济遭受了重创。这整片大陆从未像现在这样深受四个巨人的影响。这四个巨人都生于1491—1500年这同一个十年当中。按照年龄次序，他们分别是英格兰国王亨利八世、法国国王弗朗索瓦一世、奥斯曼苏丹苏莱曼大帝和神圣罗马帝国皇帝查理五世。他们有时是朋友，更多的时候是敌人，但始终是竞争对手，他们四人共同将欧洲控制在股掌之间。

　　弗朗索瓦一世的故事最为引人入胜。当他于1494年9月12日出生于科尼亚克时，他似乎离王位很远。其父昂古莱姆伯爵查理仅仅是在位国王——身体每况愈下的路易十二——的亲堂兄。为了有一个男性继承人，路易十二先后娶了三位妻子，最后一任妻子是亨利八世的妹妹玛丽·都铎。18岁的玛丽有一头及腰的美丽金发，如此迷人的妙龄女子竟被嫁给一个患有痛风、牙齿脱落且年龄是其三倍的糟老头子,法国人对此感到十分震惊;玛丽却镇静地接受了自己的命运,因为她知道这段婚姻不会持续太久。她的想法是对的。在10月9日的新婚之夜过后,苍老的新郎向众人吹嘘自己"大展雄风",但没有人相信他。当路易十二在婚礼庆典上观看弗朗索瓦骑马比武时,有人听见他喃喃自语:"这个小子会毁了一切。"① 路易十二在1515年的新年去世,此时他刚新婚不到三个月,传言他是因为床笫之事精疲力竭而死。玛丽难掩解脱的欢欣。她一直都热恋着萨福克公爵查尔斯·布兰登,现在她终于可以嫁给他了。尽管在巴黎的两个英格兰神父说布兰登经常施魔咒、与魔鬼交易,但玛丽还是立即操办起了婚事。同时,弗朗索瓦即位了。他在前一年迎娶了路易十二的女儿克洛德;1515年1月25日,弗朗索瓦在兰斯大教堂加冕并受膏,成了法兰西的第57位国王。

他的新臣民欢欣鼓舞。这个国家近些年的君主个个死气沉沉、拖着病躯;现在终于有了一个出类拔萃的人物,他浑身上下迸发着年轻的活力。据一位1520年在金缕地见过他的威尔士人描述,弗朗索瓦身长6英尺(约1.8米),颈宽背厚,柔顺的棕色头发梳得整整齐齐,(蓄了三个月的)胡须颜色较之发色更深,眼睛是褐色的、有时布满血丝,面色是淡牛奶色。他的臀部与大腿十分结实,但他的小腿却细瘦、外曲。严格说来,他算不上英俊,巨大的鼻子为他赢得了"大鼻子国王"的

---

① 原文为法语"Ce grand jeunehomme, il va tout gâcher."。

绰号。但他的翩翩风度以及令其朝臣目眩神夺的绚丽丝绸和天鹅绒很好地弥补了他外貌上的不足。他举止得宜，其魅力无人能够抗拒。他很爱与人交谈，与艺术、科学相关的任何话题都能侃侃而谈。与其说是因为他对这些话题颇有研究，不如说是因为他有着惊人的记忆力：他似乎可以记住自己读过或者别人告诉他的所有东西。频频出现的笑声透露出他享受着做国王的每分每秒，陶醉于王位能带来的一切欢娱——游猎、宴饮、骑马比武，尤其是招之即来的如云美女。

弗朗索瓦是一名典型的文艺复兴人，他拥有对艺术的热爱和足以让他充分享受艺术的财力。不久，他就被奉为那个时代最伟大的艺术赞助人之一。他邀请意大利的列奥纳多·达·芬奇来法国，将他安置在昂布瓦斯的豪华宅邸，这位巨匠也是在这里终老的。在不同时期，他还邀请了安德烈·德尔·萨托、罗素·菲伦蒂诺（法国人称之为"红色大师"）以及无数其他意大利画家、雕塑家和室内装饰家，其中包括本韦努托·切利尼，他为弗朗索瓦一世雕刻了一个雕像，后来提香就是根据这个雕像绘制了他的著名肖像画。在这些人中，弗朗索瓦一世最青睐的是弗兰西斯科·普列马提乔，他为弗朗索瓦效力时成绩斐然，尤其是枫丹白露宫的装饰成果。枫丹白露宫一直是弗朗索瓦一世最喜欢的居所，它的确是他的家——如果说他有家的话。但弗朗索瓦天性闲不住，酷爱营筑宫室。他大规模重建了昂布瓦斯城堡和布卢瓦城堡，还建造了最宏伟的游猎居所香波城堡，这栋建筑很可能是在达·芬奇的帮助下完成的。在这些建筑中，我们一次又一次地看到了弗朗索瓦的个人标志蝾螈，而且蝾螈四周经常环绕着火焰。传说它火烧不伤，因而成了百忍成金的象征。在巴黎市内，他将卢浮宫从一个中世纪的堡垒改建为一座巨大的文艺复兴式宫殿，而且为了能够完全按照自己的心意设计新的巴黎市政厅，他亲自为之出资。

接下来是文学方面。弗朗索瓦一世热爱文学，他从母亲萨伏依的路易丝那里继承了对书籍的尊崇。母亲还教给他流利的意大利语和西班牙语。他的弱项是拉丁语，他从未对这种语言得心应手过。他与弗朗索瓦·拉伯雷私交甚笃，据说拉伯雷笔下令人难忘的巨人庞大固埃的形象就源于弗朗索瓦一世。① 他任命纪尧姆·比代为他的图书馆馆长，此人在 23 岁时舍弃了花天酒地的生活，努力发展成了同时代最杰出的法国学者；弗朗索瓦一世也雇了不少特别代理人，让他们在意大利北部搜寻手抄本和新近印制的书籍，另一些人则搜寻绘画、雕塑和各种艺术品。1537 年，他签署了《蒙彼利埃敕令》，这个敕令规定，凡在法国印制或出售的书籍均须向王室图书馆呈交一份。这项权利现在归法国国家图书馆所有，而王室图书馆的藏书构成了法国国家图书馆的核心藏书。到弗朗索瓦一世去世时，王室图书馆的馆藏已经超过 3000 册（很多劫掠自米兰的斯福尔扎图书馆），并且该馆向所有有意使用的学者开放。1539 年签署的《维雷-戈特莱敕令》将法语，而非拉丁语，定为本国的官方语言，并且在每个教区设立出生、婚姻和死亡登记制度。

---

① 根据拉伯雷的设想，庞大固埃精神是一种"蔑视身外之物的乐观主义"——不管那是什么意思。

鹿特丹的伊拉斯谟是当时最伟大的人文主义者，弗朗索瓦一世邀请他担任一所专事希腊、拉丁和希伯来文化研究的新学院的院长。比代写信力劝伊拉斯谟接受邀请。他在信中写道：

> 这位国王不仅是一个法兰克人（这本身就是个光荣的称号）；他还是弗朗索瓦，这个名字第一次成为国王之名，我们可以预言，这个名字注定会成就大事。他文化修养颇高，这一点与我们的其他国王不同，他还拥有一种自然的口才、才智、机智，以及一种轻松、愉悦的举止；简而言之，上天赐予了他最稀有的身体和精神条件。他钦佩并且颂扬从前睿才景行的王公贵族。他同其他君主一样富有四海，而他是其中最慷慨的。

伊拉斯谟备感荣幸，也颇为心动，但他没有被说服。（这可能是因为他正在接受神圣罗马帝国皇帝的定期资助。）他谢绝了邀请，设立这所学院的计划也只好搁置。弗朗索瓦在米兰设立的希腊文学院的情况稍好一些（该学院没能维持很久）。不过，他在教育领域取得的胜利出现于1529年。这一年，他创建了王室学院，但这令索邦神学院大为光火。王室学院便是法兰西公学院的前身。总之，我们基本可以说，现代法国文化及其代表的一切几乎皆源自弗朗索瓦一世。他是文艺复兴的化身。游猎和战斗不再足以支撑起一名贵族，教育现在也是一项必要条件。在弗朗索瓦之前，法国仍然在本质上是蒙昧无知的，且沉湎于战争；虽然在弗朗索瓦一世统治期间战争可能依然重要——弗朗索瓦本人在战场上就是一个英勇无畏的战士，而且他特别喜欢为了取乐而与朋友进行模拟战斗[①]——但典雅的生活之道还是更加重要。在巴尔达萨雷·卡斯特格里昂的《廷臣书》（这本书从 1508 年开始写作，但是 20 年后才出版。）中，最终是弗朗索瓦一世这个被视为明亮的曙光之人给法国带来了文明。卢多维科伯爵说：

> 我认为，对于我们所有人来说，思想的真正和主要装饰品是学识。但据我所知，法国人仅认可武力的高尚，而把其他皆视为平常，因此他们不仅不重视学问，反而憎恶学问，他们认为学者都是卑贱之躯，称某人为"学者"是一种明显的无礼之举。

但朱利亚诺·美第奇回应：

> 您说法国长期以来误入歧途，这个评价是正确的；不过，如果得上天眷顾，昂古莱姆的殿下不负众望地登上王位，那么我认为，如武德一样，智识必将在法国上下欣欣向荣、熠熠生辉。因为我不久前在法国宫廷中见到了这位

[①] 一场声势尤为浩大的模拟战斗于 1518 年在昂布瓦斯举行。当时，国王和阿朗松公爵率领 600 人守卫一座模拟城镇，对抗率领同样人数的波旁公爵和旺多姆公爵。"这是我见过的最漂亮的一仗，"年轻的马雷查尔·德·弗洛朗写道，"与真实的战斗最为接近，但并不是所有人都乐在其中，因为有些人战死了，有些人受惊了。"

贵族……除了其他情况，我还听说，他热爱和尊重学术，敬慕有才学之人，而且他谴责法国人对学者不友善。

正如我们所知，朱利亚诺·美第奇并没有失望；而且，不足为奇的是，弗朗索瓦一世，还有亨利四世，是当今法国人最爱戴的国王。他们爱他的自鸣得意和自吹自擂；爱他疆场勇猛，爱他深谙床笫之道；爱他周身的堂皇气派；爱他留下的整个新文明。他们对他的财政鲁莽却只是一带而过，到1517年6月，这个问题曾使他欠下一笔几乎与他的年收入相当的债务。次年，为了收回图尔奈，他付给亨利八世60万金埃居，无论怎样这块土地总算属于法国了；帝国选举又花了40万金埃居，同时金缕地会晤也没有必要地花了他近20万图尔里弗尔。① 人们也十分钦慕他在与哈布斯堡家族的毕生斗争中所表现出的纯粹激情，而法国人总是轻易地将哈布斯堡家族等同于德意志，即在未来400年中法国的宿敌。只有在他在位最后10年中对新教徒愈发严厉的迫害，是法国人无法轻易原谅的。

在10岁前，弗朗索瓦生活中最重要的女性无疑是他的母亲——萨伏依的路易丝。当他于1515年和1524—1526年在意大利作战时，他的母亲担当摄政，甚至弗朗索瓦一世留在国内时，她的影响力也相当大，远甚于她的两个儿媳的影响力。第二重要的女性是他的姐姐玛格丽特。玛格丽特美丽、优雅、聪

---

① 金埃居是真正的货币，图尔里弗尔是记账货币。想要给出现代的对应价值是没有用的。

慧、举止得宜，对于她的弟弟来说，她就是女人该有的样子。18岁时，她嫁给了阿朗松公爵——理论上"法国第二尊贵的人"。但他们的婚姻并不幸福，因为阿朗松"反应迟缓，木讷愚钝"，而且那时她深深地爱上了英俊潇洒的人称"意大利霹雳"的内穆尔公爵加斯东·德·富瓦。所幸玛格丽特在这段婚姻中没有孩子；在1525年阿朗松公爵去世后，她嫁给了纳瓦拉国王恩里克二世。

弗朗索瓦一世有过两位妻子。第一任妻子是克洛德，她是路易十二和布列塔尼的安妮之女。如今，她的名字因为青梅"克洛德王后梅"（Reine-Claude plum）而被人们记住。她为弗朗索瓦生了七个孩子，因而履行了作为王后的义务。① 但因为她"身材矮小、胖得出奇"，跛足而且有明显的斜视，她从未真正让弗朗索瓦一世着迷。尽管如此，她依然是一个性情温和的好姑娘；一位大使写道："她言语间的优雅弥补了外貌的缺憾。"她于1524年去世，时年25岁。在过了六年放荡不羁的单身生活后，弗朗索瓦娶了查理五世的姐姐，即奥地利的埃莉诺。在此之前，她曾做过三年葡萄牙国王曼努埃尔一世的第三任妻子。不过，她并没有比前任王后好太多：她身材高大，面色灰黄，长着那种向外突出的哈布斯堡下巴，为人没有个性。一位侍女后来描述："当她脱下衣服时，她就露出了一副女巨人般的身躯，她的上身是那么高大，下身却让她像个侏儒，她

---

① 他们的三个儿子中，长子弗朗索瓦和三子查理都比他们的父亲去世得早；次子亨利以英格兰国王的名字命名，后来成为法兰西国王亨利二世。

的双腿是那么短。"在她嫁给弗朗索瓦一世4年之前,就有人说过,她已经身材发福,她的体态臃肿,面颊上长有红斑,"就像得了象皮病一样"。弗朗索瓦一世几乎无视她的存在,他们没有孩子。她完全无法与丈夫如云的情妇相比。① 在这些情妇当中,最动人的是安妮·德·埃利,她是纪尧姆·德·埃利——"比狼还坏"的皮卡第的德·皮瑟勒爵士——的30个孩子之一。后来,弗朗索瓦一世封她为埃当普公爵夫人。她博览群书,修养良好,风华绝代,以弗朗索瓦一世的话说,她是"学者中最美丽的,美人中最博学的"。

即使弗朗索瓦一世不在军中,他也总是在路上。一位威尼斯大使② 写道:"在我整个任期内,国王从未在同一个地方连续停留15天以上。"当考虑到与之相关的后勤问题,这种现象就更非同寻常了。如果全部宫廷成员都在,则需要18000匹马参与运输;当弗朗索瓦在1526年视察波尔多时,随行人员要给22500匹马和骡子准备厩舍。行李车上通常载着家具、保暖用的毯子和成吨的银器。你大概也能想到,寻找合适的下榻之地始终是个噩梦。一般来说,房间只能提供给国王和他的女眷,其他人则睡在五六英里(约8—10千米)之外的棚屋或帆布帐篷里。但是无论他们吃了多少苦,他们还要时刻为沿途城镇举

---

① 他似乎甚至想要将前任国王的妻子玛丽·都铎王后收为情妇。玛丽抱怨过,他曾"纠缠她做一些有损其名誉的事"。
② 威尼斯是第一个拥有组织健全的外交部门的国家,它在几个重要的首都均有常驻代表;威尼斯共和国的国家档案馆是世界上最全面、最完整的。难怪我们要看当时的记载会十分依赖威尼斯人,正如本书一样。

办的烦琐庆典做好准备。1515年在里昂时,弗朗索瓦一世观赏了一个由达·芬奇设计的机械狮子;1516年在马赛时,他出海去迎一艘葡萄牙帆船,那艘船上载着曼努埃尔一世送给教皇的一头活犀牛。但是,这些王室访问并非时时畅通无阻:1518年,"在国王入城时发生的火炮事故后",布雷斯特的长官不得不拿出100金埃居,"作为给伤员和逝者遗孀的补偿"。

看着新大陆的财富源源不断地涌入自己的内弟兼对手查理五世的国库,弗朗索瓦一世大为惊骇,他坚决认为查理五世不应恣意占有这些财富。于是弗朗索瓦派出数支探险队横渡大西洋,由于这些探险活动,他得以宣布纽芬兰及曼哈顿岛上的新昂古莱姆市为法国所有。① 新昂古莱姆由为法国效力的意大利航海家乔瓦尼·达·韦拉扎诺命名,1524年4月,他成为自古挪威人之后第一个彻底考察从新布伦瑞克至佛罗里达的新大陆大西洋沿岸的人。②1534年和1535年,雅克·卡蒂埃最先勾画了圣劳伦斯湾和圣劳伦斯河河岸的轮廓;不过,人们鉴定完他带回来的黄金和钻石后,发现这些东西分文不值,其声誉因此严重受损。同时,迪耶普(这座城市后来因地图制作而闻名)的让·帕尔芒杰航行至南北美洲和西非的海岸,并于1529年10月到达苏门答腊岛。

就宗教方面而言,弗朗索瓦在位时期几乎就是宗教改革

---

① 它后来成了一个荷兰殖民定居点,1625年后称新阿姆斯特丹。1664年,它被英国人占领了,更名为纽约。
② 如果他没有在1528年不幸在瓜德罗普岛被一个加勒比部落吃掉,他或许会航行得更远。

展开的时期。起初，弗朗索瓦倾向于同情新教，只要新教牢固地保持异端地位即可，他这么做只是为了给查理五世惹麻烦。（他的姐姐玛格丽特的改革倾向更强；虽然并非名副其实，但是她被称为"宗教改革的母鸡"。）1534年，他甚至向德意志派出了一个代表团，以与改革者建立友好关系。然而，他还要时刻应付索邦神学院。该学院一直十分亲天主教，并且在1521年对马丁·路德提出了强烈谴责。1523年，索邦神学院变本加厉，而且法语版《新约》的出版令索邦大为震惊，于是它甚至试图一并谴责所有非拉丁语版的《圣经》。但这一次，弗朗索瓦一世介入了。他指出，法语版《新约》的译者正是大师雅克·勒菲弗·戴塔普勒，是一位很有声誉的学者，且在整个欧洲都享有极高的声望。自此之后，任何对其作品的异议都被禁止了。

如果不是布告事件（完整介绍见第4章），人们完全有理由认为弗朗索瓦一世会继续对新教运动心怀同情。布告事件后，大规模的迫害和处决开始了，法国陷入了一场宗教内战，这场战争给弗朗索瓦生命的最后几年添上了不光彩的一笔，它将持续到这个世纪末才结束，即弗朗索瓦去世后50年。不过，说来也怪，当国内的新教与天主教臣民剑拔弩张时，这位"最笃信基督教的国王"（教皇授予的特别称号）在他在位的最后二十年间与异教徒苏莱曼苏丹过从甚密。几乎毋庸讳言，这段友情是源于政治而非宗教，但是在基督教欧洲的其他地区，这段友情将大大损害弗朗索瓦的声誉。

和弗朗索瓦一世一样，英格兰的亨利八世出生时也不是王位的第一顺位继承人。亨利八世在1491年6月28日生于格林尼治，是亨利七世的第二个儿子，他从小就知道王冠会传给他的哥哥亚瑟。这很可能就是为什么我们对亨利八世的少年时期知之甚少，人们对亚瑟的关心远甚于对亨利的关心。我们所知的只是一堆几乎直接加封给他的头衔，这些头衔的列表有些许可笑：2岁生日前，授多佛堡总管和五港同盟长官；3岁生日前，授英格兰纹章院院长；4岁生日前，授爱尔兰总督。1494年10月30日至31日，仍旧是他3岁时，他的父亲授予他巴斯勋章，并在封授之前命令白金汉公爵给亨利的右鞋跟上系马刺。次日，他被封为约克公爵，一个月后成为苏格兰边区守护，1495年5月17日被授予嘉德勋章。尽管有这些荣誉称号，但在1501年11月14日之前，他并未享有什么真正的特别之处。那一天，他担任其兄长年轻的新娘凯瑟琳公主的护卫队领队，这支护卫队将她护送至圣保罗大教堂成婚。这位凯瑟琳公主是阿拉贡国王斐迪南和卡斯蒂利亚女王伊莎贝拉的女儿。当年仅15岁的亚瑟在1502年因肺结核病故并将年纪轻轻的凯瑟琳抛下守寡时，亨利成了王位继承人。第二年，他正式与他的嫂子订婚，当时凯瑟琳17岁，而亨利还不到12岁，在得到教皇特许状后，他们于1506年完婚。①

---

① 根据斯卡瑞斯布雷克教授的说法，她的"心智和人生阅历非常丰富，少有哪位王后能与之相较"。

无论订婚前后，亨利八世的童年似乎始终是一场噩梦。根据一位在 1508 年到访英国的西班牙使者的记录，这个 17 岁的少年的活动范围仅限于一个房间之内，只有穿过国王的寝室才能进入这个房间；若要出去，他只能待在一个私人花园里，即便此时，他的身边也总是要有官员陪同（只有少数几名得到授权的官员可以陪同）。虽然说这个西班牙人很有可能是夸大其词——他后来又提到年轻的王子在里士满骑马比武——但是亚瑟体弱多病，亨利七世已经痛失 8 个孩子中的 5 个，他很可能是担心次子不久后会步其兄长的后尘，因此一定要对次子严加保护。

亨利七世于 1509 年 4 月 22 日去世。奇怪的是，他未曾教授他的儿子兼继承人为君之道。因此，在年轻的亨利登基后的第二天，他感觉自己无所适从。不过，这并未妨碍他心安理得地以极大的热忱接受他的新角色。何乐而不为呢？得益于父亲在位时的作为，他继承了一个比之前任何时期都安稳的国王宝座、一笔极其充盈的财富，以及基督教世界中管理得最好的王国。和他的法国对手一样，亨利八世的外表令人印象深刻：身长 6 英尺，一贯华冠丽服。"他的手指上戴满了珠宝戒指，"威尼斯大使写道，"他戴着环颈金衣领，领上坠着一颗胡桃那么大的钻石。"另一位威尼斯人认为："国王陛下是我见过的最英俊的君主。"亨利比弗朗索瓦更仪表堂堂，而且他自己也知道这一点。不过，从一开始他就意识到了他们之间的激烈竞争；他也知道，他刚开局就处于极大的劣势。他的祖先只是威尔士侍从，而弗朗索瓦的祖先从 10 世纪以来就是国王了。亨利八世

即位后不久,那名威尼斯使者就向其政府汇报:

> 国王陛下来到我们的凉亭里,用法语对我说:"我们少叙片刻。法国的国王,他和我一样高吗?"我禀告他基本没有什么差别。他继续问:"他和我一样健硕吗?"我回禀,法国的国王不如陛下健硕。他又问:"他的腿如何?"我回答说:"很瘦。"于是,他解开了紧身上衣的前襟,将手放在大腿上,说:"看这儿,我腿上的肌肉同样发达。"

就营造宫室而言,亨利不能与弗朗索瓦相提并论。亨利已经尽了最大努力,先是在布里奇韦尔建了一座宫殿(后来被用作监狱);接着又在萨里的奥特兰兹建了一座宫殿;这些都完工后,他才开始在尤厄尔附近修筑无双宫,这是几座建筑中最大、最恢宏的,他本想以此展示都铎王朝的财富和实力,希望它可以匹敌弗朗索瓦的香波堡。可叹的是,今天的香波堡风采依旧,无双宫却仅存遗址。在亨利兴建的大型建筑中,现存的唯一一座是伦敦的圣詹姆斯宫。但即使他的所有建筑都保存下来,它们也与弗朗索瓦在巴黎的建筑成果、枫丹白露宫以及在卢瓦尔河谷建造的建筑相去甚远。

另一方面,在体力和智识上,亨利年轻时似乎比法国国王更胜一筹。他是个出色的骑手,据说在打猎时,他通常一天会累垮八到十匹马。他摔跤;他打网球;他的标枪投得比宫中任何一个人都远;在骑马比武时,他能迎战国内的任何骑士;在与护卫队的弓箭手练习箭术时,"他能贯穿靶心,并赢过他们所有人"。他也是个不错的学者，是个相当好的神学家。他能说一口流利的法语，他的拉丁语基本上也和法语一样好，而且因为凯瑟琳，他的西班牙语也不仅仅是一知半解。他喜欢与伊拉斯谟密切联系，后者能让他跟进了解欧洲的前沿文化。在晴朗的夜晚，亨利会与托马斯·莫尔爵士在宫殿的屋顶上研究星象。

他尤其热爱音乐。他经常聘请英格兰以及外国的音乐家，其中有著名的迪奥尼西奥·梅莫，梅莫曾担任威尼斯圣马可大教堂的管风琴演奏家；亨利本人的维金纳琴演奏也十分优美。他还是一位造诣很高的歌唱家，他写过很多情歌①（他会用鲁特琴自弹自唱这些歌曲）和至少两部弥撒曲（每部弥撒曲都有五部分）。这些歌曲都是从他的心中自然流淌出来的，因为亨利八世虔信宗教，每天至少要望一次弥撒。实际上，他是天主教徒与清教徒的奇怪结合体；正是他批准了英语版《圣经》的发行，下令每个教区教堂都应留存一份，"以便所有想要阅读的人阅读"；他还是英国第一个反对偶像崇拜者，他将教堂里的耶稣受难像换成了王室纹章，然而他解散修道院的做法给英国艺术和文学造成的损失是不可估量的。他与天主教会的争端无关教义，其实本质上是个人问题，即与美第奇家族的教皇克雷芒七世作对，因为亨利决心让教皇解除他与凯瑟琳的婚姻关系，而教皇一直拒绝。此时，亨利由衷地认为与亡兄的遗孀结

---

① 不过，那首一般归于他名下的《绿袖子》并不是他的作品，它基本就是在伊丽莎白一世时代流行起来的。

婚有违教会法，而且凯瑟琳始终无法为他生下儿子，她曾多次流产、生下死胎，这就是上帝的惩罚。即使在英国国教会成立后，他也依然自视为天主教的拥护者，他一直坚信自己是正确的，而教皇是错误的，而且是他，而非克雷芒，在遵从上帝的意志。

只有涉及国家管理时，亨利才显得有点心虚。他乐于让三个极富经世之才的顾问负责最关乎政治的决策。他们接连上任，而且他们的权力高于都铎王朝的任何其他人。第一位顾问是他的妻子，即阿拉贡的凯瑟琳，我们会在下一章详细介绍她。第二位是托马斯·沃尔西。沃尔西在1473年左右生于伊普斯维奇，长久以来人们一直认为他是一名当地屠夫的儿子，这很可能是他的宿敌精心散布的流言造成的；他的父亲实际上更可能是一名富裕的布商。不过，我们能确定的是，他在1507年开始为亨利七世效力，亨利七世后来任命他为王室专职教士；1514年，他成为政府的实际掌控者，次年成了约克大主教和枢机主教，此时他刚40岁出头。在大约15年的时间里，他在英格兰的权力仅次于国王。但这种好景不会长久。沃尔西倾己所能也无法让亨利的婚姻被宣判无效。结果他失宠罢官。他被判叛国罪，但还没来得及辩驳，就因病去世了。

亨利的第三个顾问是托马斯·克伦威尔。他确实出身寒微，是铁匠和旅店老板之子。大约1516—1530年间，他是沃尔西的部下，到1529年，他是沃尔西的秘书，但就在这一年，那位枢机主教倒台了。不到12个月后，克伦威尔就成功地取代了他从前的主人，得到了国王的青睐和信任。当亨利八世迈出他一生中最关键性的一步——为了与凯瑟琳王后离婚并迎娶安妮·博林，亨利与罗马教廷决裂，随后自立为英国国教会最高首脑——时，是克伦威尔使之成为可能，而非沃尔西。1536年解散修道院时，他也发挥了十分重要的作用。但他的结局比其前任更为凄惨。沃尔西至少寿终正寝，托马斯·克伦威尔却于1540年7月在塔丘被斩首。

在亨利在位最初的几年，他受到了臣民的爱戴，被视为与其贪得无厌的父亲相反的正面人物；尽管他晚年放纵且残暴，但是很多臣民都容忍了。16世纪没有我们现在这么大惊小怪，处决——通常是公开执行——是家常便饭。人们基本没有表现出对安妮·博林和凯瑟琳·霍华德这两位妻子被国王斩首的同情，人们普遍认为她们不忠，而凯瑟琳确实比较淫乱。至于离婚，每个人都理解一名男性继承人是日后安宁的唯一保证；据说教皇拒绝解除亨利与凯瑟琳的婚姻关系完全是出于政治考量（因为他不敢触怒凯瑟琳的外甥查理五世皇帝），因而没有人能责备亨利自己做主来处理。十分幸运的是，他与凯瑟琳离婚这一"大事"与宗教改革的开端同步；当半个北部欧洲都在与罗马作对时，亨利与罗马作对也就容易多了。

一定是由于亨利不寻常的婚史，他享有情圣的名声。但实际情况却似乎恰恰相反；这是另一个他自始就无法与其对手弗朗索瓦相比较的一个地方。他有两段风流韵事为众人知晓。一段是与凯瑟琳王后的侍女伊丽莎白·布伦特，他们育有一子，后来亨利承认了他，并封他为里士满公爵；还有一段是与安妮·博林的姐姐玛丽，她或许也有所出，不过这尚无定论。[①]在众多的妻子中，安妮可能是唯一一个亨利真心爱过的妻子，虽然亨利与她在一起时被阳痿困扰不已，而且即便是她，最后也被斩首。[②]与克里维斯的安妮在一起时，亨利根本无法过性生活。至于另外四个，亨利主要是将她们视为繁育子嗣的工具，只是程度各有不同罢了。在珍·西摩于1537年10月生下未来的国王爱德华六世后，王位继承人问题的紧迫性稍有缓解。但当时婴儿死亡率非常高，因此两三个儿子仅能不太安稳地担保王位继承。事实上，爱德华只活了16年，而且与亚瑟王子不同，他没有弟弟来接替他。毋庸讳言，在亨利看来，公主不是替补继承人；除了12世纪的玛蒂尔达，英格兰从未有过女性统治者。而且玛蒂尔达在位的大部分时间花在了与斯蒂芬国王争夺王位上，说得轻微些，她的统治也并无出众之处。

在查理五世一生的大部分时间里，他明显是文明世界中最有权力之人。他在1500年出生于根特，是我们这四位君主中

[①] 亨利与玛丽的私情的重要性不幸地意味着，严格来说，他与玛丽的妹妹之间存在着和他与凯瑟琳之间同样的姻亲关系；如果法律不准他与凯瑟琳结婚，那么也同样不准他和安妮结婚。他设计出了一套诡辩来让他摆脱困境，但除了他自己，没有几个人满意他的这套说法。

[②] 到1535年，我们有理由相信亨利严重怀疑她会巫术。像自己这样一个精力充沛、有男子气概的男人，还有什么理由能解释他的阳痿呢？

最年轻的。他是马克西米利安一世皇帝的孙子，奥地利的"美男子"腓力与阿拉贡和卡斯蒂利亚的"疯女"胡安娜的儿子。他没有继承父母任何一方的主要特质。他其貌不扬，长着哈布斯堡家族标志性的大下巴和突出的下唇；他自己也深知这一点。他过去常笑着说，对于丑陋的外貌他也没有办法，但是因为画师常常将他画得比其实际长相更丑，所以第一次见到他的人会大松一口气。他还有严重的口吃。他很严肃，也很虔诚；我们从来不会觉得他像弗朗索瓦和亨利那样享受君主之位，事实上我们也无法确定，他是否考虑过那么做。他没有觥筹交错的宴饮，没有闪闪发光的天鹅绒和锦缎；至少在年轻时，他饮食非常节俭，而且常常独自进食。① 当有需要衮衣绣裳的场合时，比如提香在查理33岁那年第一次为他画肖像时，查理总会显得非常不自在；只有在15年后这位大师为他画就的第三和最后一幅肖像中，他才看上去神态自若。那时他着一袭黑衣，只有脖颈上戴着的金羊毛勋章带有光彩。

除了宗教，他的生活就是被政治占据着。聪慧不及亨利和弗朗索瓦，修养更弗如远甚，但查理比他们更加勤勉。和他们不同，查理对文学没有真正的兴趣；当时大部分严肃的书籍依然是用拉丁语写的，而他的拉丁语和弗朗索瓦一样差得令人称奇。还是个小男孩时，查理着迷于奥利维尔·德·拉·马尔什的《回忆录》，马尔什是一个15世纪的勃艮第宫廷成员，他

---

① 一个例外是查理在年轻时为金羊毛骑士团支部举行的晚宴。出席的大部分骑士都错过了随后进行的晚祷，因为他们要不就是醉得起不来，要不就是还流连席间，可能兼而有之。

讲述的关于从前的公爵表现出的骑士精神和勇气的风流故事，在宫廷中夺得满堂彩；在查理后来的岁月中，他仅有的一点闲暇奉献给了他毕生钟爱的音乐。他会弹斯皮内琴、吹长笛，还会演奏多种其他乐器；他也会唱歌，据说他的歌声如同天籁。

他所继承的领土比历史上任何一个欧洲统治者都要广阔。他先是从祖母勃艮第的玛丽处继承了低地国家，即他度过童年时光的地方。因为在他还在襁褓中时，双亲就远赴西班牙了，所以查理由约克的玛格丽特抚养长大。玛格丽特是勃艮第公爵"大胆的"查理的无嗣遗孀，是英国国王爱德华四世和理查三世的姐妹。1503年约克的玛格丽特死后，查理交由姑母奥地利的玛格丽特抚养。她结过两次婚，但没有孩子。在查理15岁亲政之前，奥地利的玛格丽特担任摄政。查理的父亲腓力很早就去世了，他的母亲胡安娜虽然已经彻底精神失常，但她在名义上仍然是卡斯蒂利亚的女王，其父阿拉贡的斐迪南二世担任摄政；但是在斐迪南于1516年去世后不久（据传他是因为水肿而死，当时他的第二任妻子富瓦的杰曼[①]为了要孩子，给他喝了春药，因而引发水肿），查理不仅被宣布是卡斯蒂利亚和阿拉贡的国王，还是那不勒斯、西西里岛和撒丁岛的国王。接着，1519年1月，其祖父马克西米利安一世死于严重中风，时年59岁。由于神圣罗马帝国仍实行选

[①] 她是路易十二的外甥女。根据潘普洛纳主教普鲁登西奥·德·桑多瓦尔的记载，她还教给了当时还很节制的西班牙大公们宴饮之乐，结果很多人因过度享受宴饮而死。

举制，马克西米利安之孙的继位绝对不是早已预定的结局；不过查理却决定不惜任何代价得到皇位，阻止它落入起初得到时任教皇利奥十世支持的弗朗索瓦之手。在查理看来，弗朗索瓦的当选会是一场巨大的灾难；因为那样一来，重夺勃艮第之梦会被打碎，哈布斯堡家族在德意志和奥地利的世袭土地也会遭到质疑。不过，好在德意志选帝侯和他本人一样讨厌由法国人做皇帝，奥格斯堡富有且有影响力的银行家族富格尔家族拿出了足够多的金钱，查理全票当选为皇帝。整场选举运作下来，查理的开销超过了50万金弗洛林。他的余生都在还债。

马克西米利安一世从未看重过查理。马克西米利安曾说过，如果不是因为这个孩子爱好打猎，他会怀疑他的出身。他毫不遮掩自己对查理的弟弟斐迪南的偏爱：斐迪南处事从容、富有魅力而且合群，他一直是兄弟二人中更引人注目的那一个；斐迪南也英俊得多。查理不受祖父认可的根源很有可能在于，他总是与他的德意志臣民合不来，查理一直不喜欢他们的语言。他的母语是法语，而且自幼年起，他也能讲流利的佛兰芒语，虽然在当时这并不是一种"文明的"语言。当他在17岁第一次来到西班牙以继承这片土地时，他仍然连一个西班牙语单词都不会说，但西班牙语很快就成了他的第二语言。他称西班牙语为"神圣的语言"，他总是用西班牙语和妻儿对话、写信（但他用法语给弟弟一家写信）。常有人说，他对朋友讲法语，对他的马匹讲德语，对他的情妇讲意大利语，对上帝讲西班牙语。①

尽管看上去很奇怪,查理的整个少年时期都在佛兰德斯度过;他从未踏上过古老的哈布斯堡土地。现在,除了他已经拥有的广阔领土,随当选而来的还有哈布斯堡的所有古老遗产,包括当代奥地利的大部、德国和瑞士。后来,他又获得了米兰、波希米亚和匈牙利西部。对于一个在世人眼中天资一般、能力平庸的人而言——后来证明是他们想错了——这份遗产确实太过丰厚了。他很明智地立刻决定将帝国的中欧部分委托给他的弟弟斐迪南大公,尽管斐迪南大公在西班牙出生并长大,而且在18岁之前从未到过这个古老的帝国。1521年,他让斐迪南娶了匈牙利国王拉约什二世的姐姐安娜;第二年,拉约什二世迎娶了查理和斐迪南的妹妹玛丽。这样,如果拉约什死时无后裔,神圣罗马帝国的疆域将延伸至斯拉夫世界的边缘,而且在与奥斯曼帝国的较量中,查理的力量会有所上升。即便如此,查理仍总是不停地在外远行。在16世纪初,即便是对于皇帝而言,旅行也是一桩不舒适和令人精疲力竭的事。他来回奔波,主要是在西班牙和低地国家之间,足迹也远达意大利、法国、英格兰甚至北非。他沿着莱茵河行进,穿过符腾堡、巴伐利亚和奥地利。总起来说,他一生中有很多年是在路上,还有好几个月是在海上。

当选后不久,他的广阔疆域仍然在增加。短短十年内,荷

---

① 然而需要补充一点,腓特烈大帝也受到了这样的评论,但这似乎极为不可能:腓特烈大帝不擅应对情妇。

南·科尔蒂斯打败了墨西哥的阿兹特克帝国,法兰西斯克·皮泽洛打败了秘鲁的印加帝国。在一两年时间里,西班牙盖伦帆船从大西洋彼岸载回了数不清的财富。有了这些成就,再加上1522年斐迪南·麦哲伦的环球航行(麦哲伦是葡萄牙人,但他的五只帆船和大部分资金都是由查理提供的),查理五世皇帝的将来毫无悬念:很明显,他注定是基督教世界的领导者。

查理当选为皇帝这一事件,将西班牙带到了欧洲的中心。从此以后,西班牙士兵要在德意志、尼德兰征战;西班牙作家和哲学家深受伊拉斯谟及其追随者的新兴人文主义精神的影响。同时,西班牙清醒地认识到,作为真正信仰的磐石,它是对抗在北方崛起的可恨新教异端的主要力量。此次当选也导致了欧洲大陆的分化,这也许是更重要的一点。法国现在就像被困在老虎钳中,它几乎被帝国包围了;相反,查理发现自己正统治着一个被一个敌对的国家分割开的国度。结果是不可避免的:这两个人为争夺在欧洲的支配地位和对西地中海的控制争斗了一生。

新皇帝的主要目标有二。一是关于勃艮第公国的。及至"大胆的"查理(四位伟大的勃艮第公爵①中的最后一位)在1467年即位时,勃艮第已经和威尼斯一道成为欧洲大陆最强大的国家。的确,公爵是一名封臣,他的传统公国领地以及佛兰德斯、阿图瓦要效忠于法国国王,其他领地要效忠于皇帝。

---

① 他们是"勇敢的"腓力二世(1363—1404年)、"无畏的"约翰(1404—1419年)、"好人"腓力三世(1419—1467年)和"大胆的"查理(1467—1477年)。

但是他的宫廷比这两位君主的宫廷都要出众，同时代人称他为"西方大公爵"，一点都不为过。不过，虽然查理公爵确实很大胆，但他的野心过大。他愚蠢地把自己推到了法国的对立面，他在与法国的战争中连连败退，最终在1477年死于南锡之战。结果，他的大部分领土重归法国国王所有。查理五世皇帝是勃艮第的玛丽的孙子、"大胆的"查理的曾孙，因而他很清楚自己的勃艮第血统，并决意将公国恢复至他出生25年前的状态，也让它充任法国和德意志之间的宝贵缓冲国。迟至1548年，在他的政治遗嘱中，他仍然要求他的儿子腓力永远不能放弃对"我们的祖国"的领土要求。

　　他的第二个目标只是个梦想，但这是一个他认为可以轻易实现的梦想。他想恢复古代的东方帝国。这世上还有一些老人记得君士坦丁堡在1453年落入年轻的穆罕默德二世苏丹之手——以及拜占庭帝国在延续了11个世纪后走向灭亡——的可怕日子。这场失败仍令整个西部欧洲难以释怀。早在1396年，为了挽救这个注定要陷落的城市，查理的五世祖"无畏的"约翰就曾被俘，当时一支约有10万人的基督教部队——为对抗异教徒而发动的最多的人数——在多瑙河畔的尼科波利斯大败于巴耶济德一世苏丹。而且在不久之前，他的对手弗朗索瓦在为帝位选举拉票时不是才说过，如果他成功当选，在3年之内他要么已故，要么就在君士坦丁堡吗？苏莱曼苏丹确实是个令人生畏的勇士，但面对着西方基督教世界的联合力量，没有理由认为他是不可战胜的。

　　查理也知道，难点在于可以匹敌的军事力量并不是重点。

在西班牙，由于穆斯林的多年占领，人们仍会严肃地谈论发起十字军战争；而在北部欧洲，人们心中明白，十字军战争是不可能实现的。十字军战争属于久远的封建制欧洲；现在，欧洲大陆已被分割成一个个民族和国家，而宗教改革的威胁使其分裂更甚，所以这种大范围远征所必需的政治团结已不再可能出现了。正因为这样，这个问题从未接受考验。查理仍旧全神贯注于欧洲事务和宗教纠纷，而且因为他是个虔诚的基督徒，所以他执着于后者。结果，皇帝和苏丹从未交锋。查理永远不会进入君士坦丁堡，苏莱曼永远不会攻占维也纳或罗马。

查理对女人有兴趣吗？当然不。在这一点上，他不像弗朗索瓦，甚至也不像亨利。（因为很明显的理由，苏莱曼是独树一帜的。）他勤于政务，总是四处奔波，而且（在妻子生前）他始终痴狂地爱着纤弱美丽的葡萄牙妻子伊莎贝拉。他的四个私生子中，有三个是在他结婚前出生的，第四个私生子是在1547年2月24日（与查理同一天生日）出生的，此时伊莎贝拉去世已八年。这名私生子的母亲是芭芭拉·布隆伯格，他后来被称为奥地利的唐·胡安，成为勒班陀之战的英雄。

查理是我们这四位君主中唯一一个退位的。他逐步完成了这个过程：先是那不勒斯和西西里，然后是尼德兰，最后是西班牙。此时的查理身心俱疲，还患有痛风，他退隐到了埃斯特雷马杜拉的尤斯特修道院中。1558年9月21日，他在这所修道院因疟疾去世。

∽

苏丹坐在一张铺着精致毛毯和褥垫的矮榻上。他的弓箭斜倚在他身侧。我们示意自己要吻他的手,于是我们被引着沿一面正对着其座位的墙而行,而且要小心不可以背对着苏丹。满堂都是高官、帝国卫队、西帕希①和禁卫军。

再看看如海的头巾(它们用最洁白的丝绸制成,上面有无数褶皱)、款式和颜色各异的衣饰,以及耀眼夺目的金银与绸缎。这种奇景无法用语言形容:我从未见过比这更美的仪式。这群人最令我印象深刻的是他们的寂静和秩序。与其他军队分开列队的禁卫军一动不动地站着,以至于我都怀疑他们是士兵还是雕像了。直到我按照他人的建议同他们打个招呼,他们全都向我颔首,这才打消了我的怀疑。

这就是斐迪南大公驻奥斯曼帝国的大使吉斯兰·德比斯贝克对第四位君主——可以说是四位君主当中最伟大、绝对最富有的一位——的宫廷所做的描述。奥斯曼的苏莱曼苏丹通常被我们称为"苏莱曼大帝",他与另外三位略有不同。首先,他是个穆斯林,因此他毫不关心罗马教会。他的臣民土耳其人是这片现在以他们的名字命名的土地的新到移民:第一波突厥入侵者塞尔柱人在1071年才进入小亚细亚。同年,拜占

---

① 骑兵。

庭皇帝罗曼努斯四世·戴奥真尼斯曾亲自领兵与之对抗，但遭到重创，在曼齐刻特之战中被俘。塞尔柱苏丹阿尔普·阿尔斯兰——据说他的胡子特别长，以至于他打猎时得把胡子绑在身后——对他很大度，并派人送他返回君士坦丁堡。然而，伤害已然造成。到 11 世纪末，突厥人已经遍布安纳托利亚，只有部分海岸领土还在拜占庭的控制下。

塞尔柱人留下了丰厚的建筑遗产，其中许多建筑留存至今：宏伟的清真寺、优美的桥梁，以及在主要商路上每隔 20 英里（约 31 千米）就设有一所的壮丽商队旅舍。但是他们的统治没有持续太久，1243 年，他们的军队在与蒙古人的交战中被彻底击溃。在随后的混乱岁月中，许多土库曼小国从废墟中崛起，有些国家基本上并不比它们代表的部落大。年轻的勇士奥斯曼的国家就是其中之一，在一场快速的战役之后，他在古老的比提尼亚（位于安纳托利亚的西端）宣布自己为独立的统治者。1354 年，他的孙子苏莱曼帕夏①渡过达达尼尔海峡，夺取了加利波利要塞，这是土耳其人在欧洲的第一处作战基地。奥斯曼人（他们逐渐被这样称呼）几乎立刻展开了无情的扩张，他们扩张的顶峰出现在差不多整整一个世纪之后，即 1453 年 5 月 29 日，那是个星期二，在足以载入围城史的一次围城后，21 岁的穆罕默德二世终于骑着马扬扬得意地进入了君士坦丁堡。

苏莱曼是穆罕默德二世的曾孙。他比弗朗索瓦小几周，很

---

① 苏莱曼帕夏没有成为苏丹，因为他先于他的父亲去世。

可能是在1494年11月6日生于黑海边的特拉比松（今特拉布宗）。正是在他的统治下，奥斯曼帝国达到了其政治、军事和经济实力的巅峰，但在他之后奥斯曼帝国又延续了三个半世纪。到他去世时，他统治着东欧大片地区、中东以及西至阿尔及利亚的北非，他的海军控制着地中海的大部、红海和波斯湾。对于英格兰的亨利来说，苏莱曼距离太远了，并不需要密切关注，然而，对于弗朗索瓦和查理来说，在他们在位期间，苏莱曼咄咄逼人的阴影一直漫天笼罩着。据我们所知，苏莱曼生前并没有肖像画，但我们拥有一些描述（大部分来自威尼斯人），阿尔布雷特·丢勒和提香据此为他创作了肖像画。"他很高，但很瘦，"威尼斯大使巴尔托洛梅奥·孔塔里尼写道，"面色柔和。他的鼻子有点过长，是鹰钩状。他留着不太明显的络腮胡和两撇短短的小胡子。虽然有些苍白，但他的总体外观是令人悦目的。"或许确实是令人悦目的，但正如这两幅肖像画都清楚描绘的（也十分令人生畏的），他戴着的那顶压到眼睛的特大头巾，让他看起来像是永远皱着眉。

当苏莱曼在25岁继任奥斯曼苏丹时，他已经是一名富有经验的统治者。在15岁时，他被任命为克里米亚的卡法的总督，他在这个重要的贸易站任职三年；后来，他的父亲——被恰如其分地称为"冷酷者"塞利姆一世——任命他为伊斯坦布尔的总督。但这并不是一段舒心的日子，而是塞利姆一世实行恐怖统治的八年。塞利姆十分有智慧，修养颇高，据说他的一些诗句属于奥斯曼诗歌中最优美的诗歌之列，但他看似只相信以杀戮治国。1512年，塞利姆一世废黜（并在随后谋杀）其父巴耶济德二世,他登基后的第一个举动就是把他的两个弟弟和五个失怙的侄子用弓弦勒死。因此到苏莱曼继位时,他是整个家族中唯一一个活着的男性成员。

塞利姆的杀戮绝对不仅限于他的家族。比如,他毫不在乎地处死了四百名违反其法令而与波斯进行贸易的土耳其商人。因此,其子的即位被普遍看作一个崭新的黎明,也就不足为奇了。事实上这确实是一个黎明——蒙冤者获释,与波斯的贸易得到重建,贪官酷吏被绳之以法并被吊死。但从一开始,这名年轻的苏丹就明显地表露出他是一个彻底的独裁者:他的统治是公正的,但也是极度严苛的。"我崇高的法令,"他在给埃及总督的信中说,"像天命一样无法规避且有约束力,富有者与贫穷者、市民与乡民、臣民与朝贡者,所有人都必须立刻遵守。如果有人没有尽快履行其义务,无论是埃米尔还是托钵僧,就要毫不犹疑地对他们施行最重的惩罚。"

从执政之初,苏莱曼就对自己统治这个庞大帝国的权力成竹在胸。不过,他也时常关注他的帝国之外的世界。他花了很多时间了解西部欧洲大国以及它们各自的统治者,他知道查理五世皇帝(他总是称之为"西班牙国王",要知道,世上怎么会有多个帝国呢?)决心发起十字军战争,如果成功的话,这场战争会把他和他的臣民赶回亚洲草原。苏莱曼也知道,他自己的兵力绝对强于任何一个欧洲国家的兵力,但是一个广泛的基督教联盟就是另外一回事了——如果这个联盟能够结成的话。幸运的是,此时的基督教世界四分五裂,主要是因为基督教宗教问题;他也知道,宗教是最能引起不和的力量。不管怎样,无论危险是多么巨大还是多么微小,敌对都是最佳防护;他能将伊斯兰土地向西推得越远,他的帝国就会越安全。

在伊斯坦布尔的那座以其名字命名的宏伟清真寺——苏莱曼尼耶清真寺——的正中大门上,铭刻着如下文字:"帝国法律的宣传者"。土耳其人并不称他为"大帝",而总是称他为"立法者"。这个称号恰如其分:苏莱曼为帝国法律体系的彻底修订做出了很多努力,在社会、教育、税收、刑法方面带来了剧烈的改变。他搜集了9位之前的苏丹做出的全部判决,把它们整合成一部明晰的法典,并注意整个过程不能违背沙里亚(伊斯兰教法)。这部法典也附带地为帝国境内的基督教和犹太教臣民提供了特殊保护,并将在以后的300年间持续发挥作用。在教育领域,仅在伊斯坦布尔,他就建立了14所大型小学和8所伊斯兰学校;附属于清真寺且由宗教基金资助的无数其他学校,给男孩子提供了基本是免费的教育机会。这种做法要到很久之后才在西方出现。

但是,同我们讲述的其他几位君主一样,苏莱曼也是文艺复兴之子,不过是以他独有的东方方式:他学识渊博,精通土耳其语和波斯语(在使用这两种语言时,他都是天才诗人),他还会流利的阿拉伯语、够用的希腊语和保加利亚语以及些许匈牙利语。他是金器制作行家,也是慷慨的艺术赞助者;在他的资助下,帝国的伊兹尼克(古尼西亚)陶器达到极盛,皇室建筑师——以总建筑师锡南最令人称道——用清真寺和宗教建筑、学校和商队旅馆装点着帝国的城市,其中许多建筑屹立至今。他还建立了被称为"天才团体"的机构,这个机构给予艺术家和工匠官方和职业的身份认证，将帝国境内——无论是东方还是欧洲部分——所有最富天赋的艺术家吸引到他的麾下。虽然他是一个真正和尽责的穆斯林，我们听说过他在第一次莫哈奇之战前激动的祈祷，但他并不是特别虔敬，比如像查理五世那样。他对他的基督徒和犹太教徒臣民尤为宽容，只要他们交税就行，还在全国范围内给予他们礼拜的自由。至少在其执政初年，他也对少数没有被父亲杀死的什叶派臣民显示出相当大的同情，不过后来他对他们的态度明显变得强硬了。

苏莱曼有三个知名的伴侣，她们共为他生了十个孩子，但他唯一深爱的并真正娶为妻子的是哈塞基·许蕾姆苏丹，她是罗塞尼亚（当时属于波兰）一位东正教神父的女儿。因为这样的出身，她后来被称为"罗克塞拉娜"，意为"俄国女人"。她在幼年时被克里米亚鞑靼人俘获，随后被当作奴隶卖到伊斯坦布尔，并进入了皇室后宫。可能主要是因为她的幽默感和活泼（在土耳其语中，许蕾姆意为"愉快的女人"），她很快就成了苏莱曼最喜爱的人。她用吉他伴奏，为他演唱余音绕梁的斯拉夫歌曲，他的大多数孩子都是她生的；① 结果，她终于摆脱了奴隶身份，成了他合法的妻子。自两个世纪之前的奥尔罕以来，这是奥斯曼苏丹首次赋予自己的伴侣合法妻子的地位。以这种身份，许蕾姆处于一种更加有利于追求自身利益的地位，正如她从始至终苦心经营的那样。

---

① 据德比斯贝克的说法，她用"爱的吸引力和有魔力的手段"让丈夫对她的爱永不消退。

～

　　弗朗索瓦、亨利、查理和苏莱曼，这就是我们的四位君主。分开来说，他们各不相同；四人一并来说，他们支配过世界舞台并铸就了欧洲大陆。或许他们哪个人都不是真正的伟人，包括苏莱曼。但他们都拥有伟大的要素，而且他们都在自己统治的土地上留下了巨大且难以磨灭的足迹。他们之间的关系不断地变化。时常，他们处于严重敌对的状态；偶尔，而且是非常偶然，他们处于近乎令人局促的友好关系。他们之间总是存在着一种谨慎和多疑的态度（完全的信任是不可能的），但也总是存在着一种合理的尊重；他们当中的任何一位都不曾犯过低估他者的错误。

　　下面是他们的故事。

2

"年壮气盛"

'The flower and vigour of youth'

年轻的凯瑟琳公主在英格兰最开始的几年并不幸福。在她嫁给15岁的亚瑟王子短短五个月后，她就守了寡，此后不久，她被许配给了亚瑟的弟弟亨利，即现在的威尔士亲王，但接下来的七年她生活于一种可怕的过渡阶段。亨利的国王父亲一度考虑过自己迎娶凯瑟琳的念头；亨利七世才45岁左右，为了保证王朝延续，多生几个儿子绝非不合理。不过伊莎贝拉女王拒绝了他的求婚，这也不足为奇。伊莎贝拉女王认定她的女儿要在外交和政治方面对其丈夫施加影响力，这在老练如亨利七世这样的君主身上是绝无可能的。更何况，如果凯瑟琳嫁给一位年龄是其两倍多的男人，她注定大半辈子都要当王太后，而王太后一直是一个吃力不讨好的角色。

亨利七世没有施压。不过，他也没有按照承诺的那样让凯瑟琳嫁给自己的儿子。现在似乎出现了重重问题：首先，从宗教上说，凯瑟琳与亚瑟的婚姻使她成了未来丈夫的直系姻亲，这意味着他们的婚姻需要一份教皇特许状；其次，国王继续坚称他只收到了凯瑟琳的半数嫁妆；第三，众人一致认为，即便有教皇的特许，他们的婚礼也不能在新郎15岁生日（1506年6月）之前举行，而且届时新娘必须拿出另一半嫁妆。与此同时，可怜的凯瑟琳困居在达勒姆主教在斯特兰德的空置伦敦宅邸中，只有几个侍从（多数是西班牙人）伺候，而且实际上无人理睬、无人记挂。她不仅不再获邀进入宫廷，甚至不能见她未来的丈夫。亨利的15岁生日本来应该是她结婚的日子，却没有通知她就那样过去了。凯瑟琳的父亲斐迪南几乎没给她写过信，即便有也是只言片语。父亲也没给她寄过钱，从贪得无厌的亨利七世处送来的钱时断时续，而且总是不够用。凯瑟琳和她的侍女急需置办一些新衣服。达勒姆宅邸在她搬进去时已经十分破败，现在更是一天不如一天。有时她甚至没钱给仆人发放工钱，甚至连食物都会出现短缺。

1509年4月，亨利七世在里士满因肺结核去世，此后一切都不同了。他的严苛、残忍、贪婪营造出了一种恐惧、沉闷的气氛。在这种环境中，小过即会招致大笔罚款，王室密探无所不在，这种状况把这个国家几乎拖进了我们现在称之为"警察国家"的境地。现在，在他杰出的儿子的统治下，自由重新回到这个国家，与自由一道出现的，还有欢乐和乐观的新精神。日子又变得生机盎然。突然之间，凯瑟琳发觉自己身处另一个世界。当然，她要结婚，而且越快越好。教皇的特许可以使问题迎刃而解；至于其余的嫁妆，这个问题不再重要了。6月初，她和她的未婚夫乘船抵达格林尼治，于11日在宫殿外的方济各会教堂举行了婚礼。不到两周后，在6月24日周日的施洗约翰节，他们在威斯敏斯特大教堂一同受膏并加冕。凯瑟琳当时乘坐着由白色骏马拉动的车舆前往教堂，车舆上挂着金线织物，她自己身穿一袭白缎，即童贞新娘的装束，有光泽的头发"在她的身后披垂下来,她的头发特别长,看上去又漂亮又健康"。

可能直到这时,亨利才意识到自己娶了一位怎样的妻子。斐迪南和伊莎贝拉把他们的几个女儿培养得非常出色;这三个女儿都注定要当王后,而她们的父母也不遗余力地使她们名副其实。比如,亨利很快意识到凯瑟琳的拉丁语比自己好得多;她可以毫不费力地即席答复外国使节的华丽演说,鉴于她本身就是一名使节,这种能力于她而言尤为重要;早在她结婚前,她的父亲就任命她为驻圣詹姆斯宫廷的官方西班牙全权大使。在鹿特丹的伊拉斯谟这样一位评判家看来,她的学识远比亨利八世渊博。她的英语很快就讲得很好了,但她一直带着些许西班牙口音,许多年轻的英国人觉得这种口音十分令人着迷,很可能是因为他们此前从未听过一个外国人讲他们的语言。1518年,她参观了牛津大学的所有学院,在默顿学院用餐,而且她得到的接待是"热情洋溢的,如同她是女神朱诺或密涅瓦"。① 但是比这些更重要的是,亨利爱她。在给斐迪南的信(为了感谢斐迪南给自己的贺词)中,他将自己的心意表露无遗,并说道:"假如说我还没有结婚,那么我会在众人中选她做妻子。"

---

① 有一事颇为奇怪,尽管亨利常吹嘘自己尊师重学,但他从未访问过牛津大学和剑桥大学。

亨利七世厌恶战争，亨利八世却十分喜好战争。他把自己看作一个了不起的勇士，是爱德华三世和亨利五世的继承者，这是他的典型风格；在他看来，百年战争仍在继续。他身边的一些人的祖父曾参加过阿金库尔战役；法国的最东北角已经纳入英国版图；在亨利看来，其余的土地仍在等着被一名英国国王征服。而且，领兵作战难道不是一位国王最重要的职责之一吗？早在1513年，他就宣布凯瑟琳为王国监国；接着，在他与马克西米利安皇帝结盟的情况下，①他在海峡对面发动了一场自负又有些荒谬的战役。他的入侵大军估计有四万人。除了这些士兵，他还带了近三百名侍从，包括一百多位神职人员和王室礼拜堂的许多乐师。1513年8月，他包围了完全不重要的泰鲁阿讷（一名议员将其形容为"一个令人讨厌的狗窝"），马克西米利安的孙子查理穿过边境在那里迎接他——此时距离查理成为皇帝还有六年。

1513年8月13日，在泰鲁阿讷围城期间，马克西米利安亲自来到亨利的营帐，提出要让自己以及随行的一小支军队受亨利指挥。亨利极尽所能地在当时的条件下热情招待他，帐中皆是金丝帷幔。当时的记录者告诉我们，天气"恶劣透顶"，但是这次会议似乎很成功。亨利把所有细节都告诉了凯瑟琳，

---

① 他（马克西米利安）的脑中勾画着最奇伟的称雄欧洲计划，他自己却为了躲避债主而在一个个德意志城镇中穿梭。（马丁利）

凯瑟琳又写信把这些细节都告诉了沃尔西,她说,这不仅是其丈夫的巨大荣耀,更是有利于马克西米利安的声名(凯瑟琳对他的评价明显不是很高)。她写道,他从此"会被看成另外一个人"。

16日早上,法国骑兵的一小支队伍突然惊恐地发现自己正直面这支联军;他们赶紧掉头逃跑,而英格兰、勃艮第骑兵穷追不舍。双方没有真正交火,但法国人却落下了六面旗和很多跑不快的尊贵人物,其中包括一位公爵、一位侯爵和法兰西海军副元帅。因为这个宝贵的机会,亨利可以将一个充其量只能算是小规模军事冲突的事件描述为一场英勇的战斗,所谓的踢马刺之战。弗朗索瓦当时在法军中,但他还不是国王。此事发生时他正在洗澡,所以他被撞见时未穿甲胄。不过,他很机智地逃脱了。

8月22日,泰鲁阿讷陷落。按照马克西米利安的命令,除了教堂,整座城市被夷为平地。在里尔连续庆祝了几天后,亨利将目标转向了图尔奈。这座城市曾目睹泰鲁阿讷的厄运,现在这种厄运很快落在了它自己头上。在接下来的六年里,图尔奈一直被英格兰控制。亨利禁不住想要再续成功,但秋天将至,他认为还是返回英格兰为好。直到回到伦敦,他才得知自己移驾期间所取得的重大胜利。苏格兰国王詹姆斯四世(亨利七世的女儿玛格丽特的丈夫)乘机横渡特威德河,与他以为已严重削弱的英格兰军队作战。凯瑟琳——亨利还授予了她国防军总司令之衔——迅速做出了反应。她已经在竭尽全力地保障丈夫的军队有充足的给养;现在,她又多了抵御北方入侵的任务，70岁的萨里伯爵托马斯·霍华德正在北方领军抗击入侵。为防萨里伯爵兵败，她迅速地在英格兰中部地区建起了第二道防线；同时，她还下令立刻没收在英格兰的所有苏格兰财产。没有人——沃尔西不行，克伦威尔也不行——能比她应付得更漂亮。

詹姆斯国王很快便意识到自己之前太过轻敌。9月9日，两军在弗洛登遭遇，此时上演了英格兰长弓对战苏格兰长矛的经典故事——像以往一样，长弓占上风。在仅仅三个小时的厮杀中，詹姆斯国王和很多苏格兰贵族与高级教士战死沙场。其中包括圣安德鲁斯大主教、两位主教和两位修道院院长。在听到这个消息后，凯瑟琳马上想到的是守寡的玛格丽特王后，这是凯瑟琳的典型反应。玛格丽特毕竟是亨利的姐姐，现在她要为年仅1岁的儿子詹姆斯五世担任摄政；不仅是出于家庭原因，玛格丽特需要所有能得到的帮助。甚至在亨利返回英格兰前，一个方济各会修士就已经带着深切的慰问动身前往爱丁堡。

与弗洛登之战相比，踢马刺之战只能算是学童打架。的确，1513年亨利八世对法国的入侵没有太大重要性。此时他刚即位三年；他年轻气盛、胸怀大志、意气风发；他需要冒险和刺激，并渴望一个在世界舞台上展示自己的机会。终其一生他都喜欢被瞩目的感觉；当对手是路易十二时，他认为自己不会被抢走风头。但弗朗索瓦不同：亨利听闻他是一个难对付的竞争者，还有可能是一个危险的竞争者。亨利收到了前往兰斯参加弗朗索瓦的加冕礼的邀请，可他婉言谢绝了这一邀请。但当亨利初次听说弗朗索瓦正谋划在加冕礼举行的几个月后入侵意大利时，他难掩怀疑："你可以向你的主人担保，"他对西班牙大使贝尔纳迪诺·德·梅萨说，"不经我的同意，法国人不会攻打米兰。"但后来经过进一步思量，亨利可能也可以理解这次入侵：到1515年初，法国丧失了意大利半岛上所有曾属于她的土地。热那亚曾经被法国统治15年，现在又是一个独立的共和国；那不勒斯王国掌控在阿拉贡家族手中；米兰——弗朗索瓦声称通过其前任国王的祖母瓦伦蒂娜·维斯康蒂，它应是他的领土，而且他对夺得这片土地的态度比其他地方要强硬——重回其旧主斯福尔扎家族手上。在年轻的法国国王看来，似乎没有什么比光复失地、为法兰西近来的军事失利雪耻更为神圣的任务了。

无论如何，亨利对此基本无计可施；他的首要任务是祝贺弗朗索瓦登基，因此他派萨福克公爵查尔斯·布兰登前往法国宫廷。但是布兰登还担负着一项亨利认为更重要的使命：取回妹妹玛丽的亡夫路易十二曾经送给她的珠宝。这当然不容易。法国人客气地解释，这些珠宝并没有因为玛丽的那双蓝眼睛而送给她，只有她担任法兰西王后时这些珠宝才是她的，而且它们绝对不能被带出这个国家。布兰登很可能像亨利一样难以接受这个结果，毕竟他和玛丽婚期在即。但他们二人很可能沉醉于爱情，不会在意这些事。

弗朗索瓦也忙于筹备即将展开的意大利战事，此番战事的首要目标是夺回米兰。法国人在1513年的诺瓦拉之战后失去了这座城市，那场战役的对阵双方是近万法军与瑞士长矛兵，后者是马克西米利安·斯福尔扎公爵的雇佣兵。当时瑞士军队轻易获胜，法军折损近半，斯福尔扎凯旋米兰，但真正的权力一直取决于瑞士人。因此，当两年后弗朗索瓦入侵意大利时，他的敌人就是他们。1515年9月13日，两军在米兰东南大约10英里（约16千米）的马里尼亚诺（今梅莱尼亚诺）交锋，弗朗索瓦实现了他的复仇。此次战役是法国历史上最伟大的胜利之一。这场战争持久而艰苦：战斗从下午3点左右开始，持续到第二天早上太阳高高地升起。弗朗索瓦勇敢如常，他还让近乎传奇的"无懈可击的无畏骑士"巴亚尔授予自己爵位。这场战斗为他赢得了米兰，该城的代表团在16日递交了降书，但斯福尔扎在城堡中英勇地硬撑到了10月4日。最后，弗朗索瓦向他许诺，如果他永久移居法国，自己会为他提供津贴。斯福尔扎同意了。于是，10月11日，弗朗索瓦终于以胜利者的姿态骑马进入米兰，他周身散发着愉悦和骄傲。他在给母亲的信中说，现在他的重骑兵再也不会被称为"穿着铠甲的野兔"（在踢马刺之战后，法军曾一直被这样称呼）了。7个星期后，他离开米兰，前往博洛尼亚与教皇会面。

利奥十世已任教皇两年。甫一当选，他就给兄弟写信说："上帝将教皇之位交予了我们，现在让我们享受这一职权吧。"他的确是在享受这个职权。他是洛伦佐·德·美第奇的次子，在他的一生中，他更像是文艺复兴式贵族，而非教会人士。与其前任尤利乌斯二世一样，利奥十世也是一名同性恋者，他还是个修养良好、温文尔雅的艺术赞助者，他远比父亲所期望的杰出。他酷爱打猎，他会带着多达300名随从出猎；他是一个不知足的美食家，他会举办饕餮盛宴，并且愿意参加朋友举办的此类宴会。利奥十世很早就决心支持查理皇帝对抗法国，因此他忧虑地看待关于马里尼亚诺的消息：如果弗朗索瓦能把斯福尔扎赶出米兰，那么什么能阻止他把教皇的美第奇亲属赶出佛罗伦萨呢？实际上，弗朗索瓦绝对不会做这种事。如果他要在米兰和那不勒斯长久立足，他知道自己必须赢得教皇的合作，在博洛尼亚，他急切地给予利奥十世所需的一切保证。会议持续了四天，在此之后，教皇在圣白托略大殿主持了大弥撒。弗朗索瓦和教皇分别时，利奥十世送给弗朗索瓦一个精美的金十字架，里面有真十字架的一小片。弗朗索瓦回赠了教皇何物我们并不知晓，不过听说他送给利奥十世的随员的礼物并不尽如人意。教皇典礼长对于只收到100金埃居感到十分气愤。

博洛尼亚会谈后，利奥十世教皇不再因为弗朗索瓦感到不安，但他现在开始有另一重更大的担忧，即奥斯曼土耳其人向西的扩张。自从土耳其人深入巴尔干、夺取君士坦丁堡以来，此时已经过去了半个多世纪，而且从那时起，他们一直在稳步推进。就在最近，1516年8月，在"冷酷者"塞利姆苏丹的指挥下，他们征服了叙利亚，第二年他们又入侵了埃及。利奥十世说："我们是时候从沉睡中醒来了，以免莫名地被杀死。"因此，他提议再发起一场十字军战争，由皇帝和法国国王共同指挥，其他基督教势力量力参加。然而，即使他已经在基督教世界宣布了五年停战协定，并派四位枢机主教前往主要的宫廷争取支持，各方对此事的总体回应最多算是不热心。这并不是因为土耳其的威胁没有被意识到，仅仅是因为这些欧洲君主有更紧迫的事要处理。

查理与西班牙早有渊源：在他 6 岁时于巴利亚多利德、四年后于马德里，他在不在场的情况下被封为阿斯图里亚斯亲王①，成为他的母亲卡斯蒂利亚女王胡安娜的法定继承人。当时他不必亲自到访这个国家；他的外祖父斐迪南担任摄政，而且他治理得很好。但斐迪南于 1516 年去世，而此时的胡安娜已经彻底精神失常。

胡安娜是一个悲剧性人物。从她到达佛兰德斯的那天起，她就不可救药地爱上了她未来的丈夫勃艮第的腓力一世，但是这是一份她完全无法控制的爱情。她有着疯狂的嫉妒，总是有无尽的要求，她有时甚至会对腓力的某个情妇大打出手，腓力这个随和的放荡者对她的举止感到生气，有时会大怒。既然他无法付出那种她想要的爱，他就尽可能地避开她。胡安娜曾经愉悦的个性逐渐消失了，突然爆发的狂怒或歇斯底里的哭泣会和长时间的沉静消沉穿插出现。在当下，这种状态会立刻被诊断为严重的精神崩溃，但在那个时代，可怜的胡安娜不会得到治疗，也没有得到多少同情。

1506 年 9 月，腓力在布尔戈斯患病，似乎是得了伤寒症，25 日，腓力去世。胡安娜想当然地认为他是被人故意下了毒，一直没有离开他的病榻。腓力死后，在他的遗体放在大教堂内供人吊唁瞻仰时，她继续在棺材旁为他守夜，并且她不回答问

---

① 西班牙王位继承人的头衔。——译者注

题，也不为葬礼下达指令，如果有人试图让她离开，她就会勃然大怒。在她睡着时，棺材终于被偷偷抬了起来，然后被送到了一座附近的女修道院中；她在那里待到第二天黎明，当时她让人打开棺材，对着死者的面庞凝视了几个小时。加勒特·马丁利最为清楚地描述了当时的情景：

> 她俶尔惊恐。在一小批不安随从的陪伴下，她来到了修道院的大门处，推翻了所有反对意见，让人重新起棺并让抬棺人抬上棺材。随着夜幕降临，她像一个偷窃圣物的盗贼一样穿越重山，奔向遥远的格拉纳达，几个机警的顾问惴惴不安地在她后面骑马疾行。从那以后，吃惊的农民时常会从山间要塞发现一支在夜间穿行的古怪队伍：唱着求主垂怜圣歌的修士们、一排摇曳的火光、一辆用黑色羽毛装饰的马车，在其后面还有一个裹着黑衣的孤独人影。谁喜欢、谁最强大，谁就去统治卡斯蒂利亚好了。胡安娜现在只有一个想法。她不会再和腓力分开。

当然，她确实如此。1509 年，她的儿子把她安顿在巴利亚多利德附近的托德西利亚斯女修道院，如果可能，他会尽量到那里看望她。她在那里度过了近半个世纪，她坚信修女们筹谋着要杀害她，因而时常不吃饭、不睡觉、不换洗衣服。她逝于 1555 年 4 月 12 日。那天是耶稣受难日。

1517 年 9 月，查理让他的姑母奥地利的玛格丽特重拾低地国家的摄政权，然后他在他的姐姐埃莉诺（她被许配给了葡萄牙国王曼努埃尔一世，后来又嫁给了弗朗索瓦一世）的陪同下乘船前往西班牙。他对他的新王国的第一印象并不完全称心如意。冒着大雨在难行的阿斯图里亚斯山间奔波数日，再高的兴致也会被浇灭；而且，他很快发现，他的就任不像别人让他以为的那样水到渠成。他的弟弟斐迪南自3岁起就一直住在西班牙，很多有实力和影响力的贵族偏向于支持斐迪南而非这个新来的丑陋之人，这个人连他们的语言的一个单词都不会说。这一切本应由著名枢机主教弗朗西斯科·希梅内斯·德·西斯内罗斯（他在斐迪南之后接任摄政）巧妙地做出解释，此时他也在十分艰难地前去迎接查理，当然他与查理方向相反。但是在他们二人碰面前一天，希梅内斯去世了。（虽然没有证据，但人们难免怀疑这是一起谋杀。）

查理对西班牙的第一次访问用了超过两年半的时间。他的当务之急之一，是将他的弟弟斐迪南撵走，为此，查理把他送到了佛兰德斯；然后，他周游全国，在卡斯蒂利亚、阿拉贡、加泰罗尼亚和加利西亚都停留了很长的时日（不过他在加泰罗尼亚待了12个月，在卡斯蒂利亚仅停留6个月，这在巴利亚多利德引发了许多愤愤不平的议论），并且他充分掌握了这里的语言和他的西班牙臣民的风俗习惯。当他终于在1520年5月起航前往佛兰德斯时，他很清楚他还没有赢得这个国家的民心。不过，他已经被选举为罗马人的国王。实际上，他此时已经是神圣罗马帝国皇帝。

神圣罗马帝国一直没有效法其他欧洲国家的做法，它从未把君主的选举制改为世袭制。后者的优势是显而易见的：只要长子继承制的原则也被认可,这种制度就会自动运作,并会消除关于继承权的一切怀疑。① 与之相反,选举制则会造成几个月甚至几年的王位空悬,还会不可避免地对政府和行政管理造成负面影响。在帝国的例子中,保留这种制度的根本原因在于强调帝国的重要性和独特性:帝国不会像其他财产一样被移交给他人,而只有经过基督教世界里七位最高级的贵族举行的庄严、深思的选举,然后经过由教皇亲自举行的加冕礼认可之后,方可被交予。在理想的情况下,这是一套行之有效的程序,而在16世纪的欧洲,这意味着大规模的行贿受贿。查理与弗朗索瓦在1519年的帝国选举中展开的竞争,就像他们在战场上的竞争一样。如果查理为了不让皇位落入弗朗索瓦之手而决意要赢得选举,弗朗索瓦同样决意不让查理得到皇位。弗朗索瓦的基本理由有二。第一,尽管神圣罗马帝国以德意志为基础,但它享有巨大的国际威望;它是罗马教廷的世俗对应物——如果存在这样一种对应物的话。第二个原因是帝国继续由哈布斯堡家族控制这个可能的结果。他写道:

> 你明白,推动我获得帝国的原因,就是阻止所谓的天主教国王获得它。如果他成功,并确保他的王国与贵族领地扩大,这将对我造成不可估量的危害;他会永远充满怀疑和猜忌,并且肯定会把我赶出意大利。

---

① 不遵循长子继承原则的世袭制会引发灾难。在奥斯曼世界,正如我们所见,这种继承制经常会导致王室家族的大多数男性成员被绞死。

他是完全正确的。但是他过了一段时间才意识到，选帝侯关注的问题并非谁会是最好的皇帝，他们关注的仅仅是自己能通过手中的选票得到多少回报。这就是为什么他们怂恿他去参加竞争。当然，他本应看到当下的情形，并在能抽身时全身而退。但是他却陷得更深了，他的开支令他负担不起。在英格兰，亨利国王拒绝借给他10万克朗，不过他设法从伦敦的意大利银行家那里贷得36万。在法国，他卖掉了王室土地和许多要职，但最终徒劳无益。

1519年6月8日，七大选帝侯齐聚法兰克福，他们分别是美因茨大主教、特里尔大主教、科隆大主教、波希米亚国王、莱茵的巴拉丁伯爵、萨克森公爵和勃兰登堡藩侯。当时的境况远算不上顺利。城里热浪袭人，瘟疫肆虐。在城外，士瓦本同盟的军队随时待命。据说此举是为了保护选帝侯，但所有人都心知肚明，选帝侯的根本安全取决于他们做出正确的选择。如果有哪个选帝侯还拿不准主意，拿骚的亨利伯爵便把这件事摆得更清楚了：他宣称，除非法国人被挂在剑尖或矛尖上，否则他们休想踏上德意志的土地。

选帝侯心领神会。教皇利奥十世最终勉强认可了查理；6月26日，弗朗索瓦退出选举；28日，查理全票当选。最终，1520年10月23日，查理被加冕为皇帝查理五世，加冕礼的地点不是罗马，而是加洛林王朝的故都亚琛。亨利和弗朗索瓦很有风度地接受了自己的失败。实际上，弗朗索瓦送去了贺词，查理以过分感激的姿态收下了这份贺词。新皇帝也令人不明所以地向亨利表达了感谢，表面上是感谢在自己竞选时亨利给予过的帮助。事实上,亨利根本没有帮过忙,另一方面,竞选无疑大大提高了亨利的国际地位。在竞选之前,西部欧洲有四强:法国、西班牙、神圣罗马帝国和英格兰。现在只有三个。在这三方势力里,法国和神圣罗马帝国实力大致相当,英格兰则控制着它们之间的平衡。

到1520年,亨利八世已在位11年,弗朗索瓦一世也已在位5年,但这两位那个时代最伟大的文艺复兴式君主还没有见过面,人们普遍认为他们该见面了。于是,枢机主教托马斯·沃尔西着手准备两位国王的首次会晤。

沃尔西现在处于他的事业巅峰。他精力充沛、宵衣旰食、机敏过人而且凡事皆成竹在胸,他很快就使自己成了其国王不可或缺的帮手。沃尔西知道亨利很容易在枢密院会议上变得不耐烦,于是劝国王不必为国事劳神,让他自己——沃尔西——去料理一切。国王自然很乐意如此;他有时会连续几天外出鹰猎、射猎或做其他乐事,而让那位枢机主教读写他的信函并代表他做出几乎所有决定。

但亨利八世会突然转变心性。事实上,他会掌控局势。在这种时候,他会令他周围的人感到惊讶,不仅是因为他的勤政,还因为他熟知国内外事务、决策稳健。和所有人一样,他也有一些自己格外感兴趣的对象,比如海军、战争,还有弗朗索瓦国王——在亨利在位的头几年这可能是他最感兴趣的。当然在后来，他也沉迷于他的离婚问题；他还会不时地表现出他可以像国内任何有学识、有智慧的人一样讨论有关神学和教会法的话题。总之，他那极其多变的性情完全受他某时某刻的心情左右；没有人比托马斯·沃尔西更了解这点、更自如地应对这点。

沃尔西喜欢和平局面；他也爱钱，正如他时常强调的，战争是消耗金钱最快的方式。亨利在法国的战争耗资大约70万英镑，其中近一半花在1513年6月5日到12日这一周内。1518年，沃尔西协商出了一项到当时为止最接近《联合国宪章》的文件，这是一份由不少于20个国家签署的一般性和平协议，还得到了教皇利奥十世的支持。其主要条款如下：第一，如果任一签约国遭受侵略，其他国家将一道要求侵略者撤军，如他拒不撤军，则各国向其宣战；第二，之前缔结的有悖于此基本准则的所有条约将被废除。因此，一个以教皇为首脑的永久联盟形成了。此后，英法将享有长久的和平，双方均应帮助对方对抗侵略者。沃尔西也在条约中为这两位年轻的国王插入了一项特别条款，即建议亨利尽快访问法国，因为"尊贵的英格兰和法兰西国王雄姿英发，天赋才华，深谙兵事，英姿飒爽，且年壮气盛"。为了巩固友谊，他们同意弗朗索瓦的儿子弗朗索瓦（几个月前刚出生，与他的父亲同名，为法国王太子）日后会和亨利的女儿玛丽（当时2岁）结婚。在漫长而审慎的外交协商后，两位君主会晤的日期最终定于1520年6月7日。

但现在冒出了一件令人为难之事。新皇帝查理向亨利派出使臣，提出自己在从西班牙返回欧洲北部时将亲自访问英国宫廷，以示对特殊友谊的重视；因而，英格兰将成为查理当选皇帝后出访问的第一个境外国家。他向亨利保证这绝对不是一次国事访问，不需要过于铺张的典礼，既然他在途中必然会经过英吉利海峡，那么他很乐意与英格兰国王再叙友谊、向其表达敬意。

亨利显然不能拒绝接待他，但是时机不能再糟了。此时已至5月中旬；在他准备好与弗朗索瓦见面前，他至少需要在法国待一周。初夏的天气是出名地反复无常；查理五世已经在拉科鲁尼亚被来自东北方的猛烈风暴阻滞了几周，虽然他向亨利国王做了保证，但他无法明确给出自己的到达日期。日子一天天过去，亨利的焦虑与日俱增。如果查理五世抵达了英格兰，却被告知亨利国王已动身前往法国，这将是一场外交灾难；另一方面，不得不推迟规划好的会面，是一种亨利难以承受的耻辱，而弗朗索瓦或许会很享受这一点。

查理最终于5月26日在多佛登陆，时间刚好来得及，真的是刚好。亨利赶紧前去会见查理。亨利在深夜到达，然后直接去了查理的寝室，并拥抱了他。第二天是圣灵降临节，一行人浩浩荡荡来到坎特伯雷，查理在大主教宫第一次见到了他的姨母凯瑟琳王后。两天后，在举行了一系列亨利乐在其中而皇帝不胜其烦的各种宴饮和舞会之后，这两位君主签订了一项不公开的合约。双方一致同意，在亨利与弗朗索瓦会晤结束后，亨利和查理将尽快再次见面，地点或许定在低地国家的某个地方。他们在6月1日分别并表达了对对方的钦慕，查理前往桑威治,并继而前去德意志,亨利、凯瑟琳及其随从则乘船前往加来(那时还是英格兰的领土)。最终,在经过一周更加亢奋的准备后,亨利和弗朗索瓦终于在金缕地第一次会面了。

这个地名是一个华丽的名字,会面更是华丽,两位主角都决心在排场上把对方比下去。亨利带来的随从有5000多人和将近3000匹马;6000名来自英格兰和佛兰德斯的工匠,包括建筑师、石工、木工、玻璃工和其他工种,全力工作了好几个月,他们用临时建筑改造吉纳城堡及其周边环境,把这里打造得宛如出自童话故事。可以肯定,弗朗索瓦密切关注着他们的工程;无论亨利做了什么,他都要做得更好。根据爱德华·霍尔[①]在几乎同一时期的记述,两位君主将在一个叫作"黄金谷"的山谷会面,此处位于吉纳(属于英格兰)和阿德尔(属于法国)之间。亨利已经在这里支起了他的大帐,据说这顶大帐是用金线织物制成的。他还在附近建了一座巨大的城堡,建筑构件全都是预先定做的,城堡墙上筑有雉堞,门楼上有都铎玫瑰纹章装饰。在门楼前,两座喷泉喷涌着葡萄酒。[②]

> 这座城堡的正门……是高大的石造建筑,呈拱形,每一侧都有一座同样的有重兵把守的塔楼,大门和塔楼都严阵以待,在窗口的是类似于准备投掷巨石的战士的

---

① 爱德华·霍尔是亨利八世统治时期的一位政府官员。1530年左右,他开始写作 *The Union of the Two Noble and Illustre Families of Lancastre and York*。
② 设计这两个喷泉是一个错误,因为它们周围很快围满了醉汉。

图案；大门和塔楼上也遍布古代杰出人物的图像，如赫拉克勒斯、亚历山大，这些图案做工精细，涂着绚烂的金色、蓝色与白色颜料……大门的塔楼也是巨大的石造建筑……那里有做着各种动作的人物图像，有的在射击，有的在投石，有的准备冲撞，有的在开炮，这些图像展现得非常得体。[①]

弗朗索瓦的营帐也用金线织物制成，带有三道蓝色天鹅绒横条纹，每一道都绣着金色鸢尾花。这个营帐的顶端矗立着一个6英尺高的圣米迦勒踏龙木雕像。但这并不是全部。这样的营帐有将近400顶，而且它们都装点得富丽堂皇。在历史上鲜有如此盛大且无端的炫富场面。

那个大日子破晓时，亨利和弗朗索瓦各自被500名骑手和大约3000名步兵簇拥着。一面大锣敲响了，所有陪同人员岿然不动，违者以死刑论处，此时两位国王策马向对方疾驰。一场难堪的碰撞看起来在所难免，但在最后一刻，他们勒住了马，拥抱了对方，纵身下马，然后在脱帽后再次拥抱。接着，他们手挽手走进了另一座宏丽的营帐，双方在这个营帐中祝酒，两国的重要贵族陪在各自的国王身边。弗朗索瓦的密友弗洛朗热领主罗贝尔·德·拉·马克经历了这场盛会的全程，他讲述了一个有趣的故事：英国传令官在朗读一则正式公告[②]时

[①] Richard Grafton, *A Chronicle at Large* (1568).
[②] 根据另一个版本的描述，是沃尔西亲自朗读了这则公告。

以"我，亨利，法兰西的国王……"作为开场，但亨利立刻打断了他。他对弗朗索瓦说："有您在场，我就不是法兰西国王了。"他命令传令官重新朗读，这次他说道："我，亨利，英格兰的国王。"①

盛会中基本没有政治磋商，但是政治不是重点。接下来的两周尽是骑马比武、盛筵酣饮。或许并不令人吃惊的是，两位国王赢得了大多数骑马比武。但在与德文伯爵的交锋中，弗朗索瓦眼部受伤，他不得不连续几天戴着一个海盗式黑眼罩。在看过几轮摔跤比赛后，亨利提议他们二人也来较量一场，比赛刚开始，弗朗索瓦就把亨利放倒了，这下弗朗索瓦又恢复了荣誉。②亨利欣然接受了失利，并要求再来一局，而弗朗索瓦却颇无体育精神地拒绝了。接下来，在6月17日星期日，出现了又一个值得注意的时刻。那天一大早，弗朗索瓦出人意料且未经通报地出现在了亨利的寝室，他代替亨利的贴身男仆帮亨利穿衣。亨利被这种示好深深地打动了，当场赠给他一件价值3万威尼斯达克特的红宝石领圈。弗朗索瓦的谢礼更为贵重，但他拒绝留下吃早饭。那天晚上，他和怀有数月身孕的克洛德王后宴请亨利和凯瑟琳共进晚餐，接着又举办了一场化装舞会。其他晚上也有各种消遣活动，但这些夜晚都以宴会作为结尾。在某个晚上，弗朗索瓦尽显他知名的风流倜傥，他手拿帽

---

① 此前，亨利八世使用的头衔是"蒙上帝恩典，英格兰和法兰西国王及爱尔兰领主亨利八世"。——译者注
② 这个事件只出现在关于此次盛会的法文文献中，但出于某些缘故，它没有出现在英文文献中。

子,绕着大厅行走,亲吻每一位在场的英格兰女士,"但没有亲吻四五位年老色衰的女士"。

整场活动在6月24日周日宣告结束。在前一天的中午,沃尔西迟疑不定地主持了一场他多年没有主持过的主教大弥撒,与他一同主持的还有另外五位枢机主教和二十多位主教。当巨大的龙形烟火(为了几小时后的圣约翰日前夕准备的)在仪式期间意外引燃时,仪式出人意料地变得活跃起来。但秩序很快恢复了,沃尔西如履薄冰地将仪式进行完。这两对王室夫妇一同参加了又一场宴会,它比先前的那些还要奢华。在周日,经过又一轮礼物交换,这些英格兰人向法国人辞行,随后返回加来。弗朗索瓦启程前往他的圣日耳曼昂来城堡,8月10日,克洛德王后在这里生下了一个女儿。两位国王宣誓要在会见之地为圣母建一座礼拜堂,但很遗憾,他们一直没抽出时间来做这件事。

～

金缕地之会让英法两国消耗了巨资,它最多算是一场大型作秀。但它曾经有其作用。今天的我们很难理解16世纪英国人和法国人之间的仇恨有多深。[①] 这种仇恨此时明显(或许是暂时)减少了,至少在双方的贵族之间是如此。这次会面

---

① 在多塞特侯爵的兄弟返回英格兰时,据说他和一个朋友说,如果他的身体里有一滴法国血液,他就把自己剖开,把那滴血倒掉。这位朋友回答说,他也是这样。

也在某种程度上消除了两位君主对彼此的猜忌,并营造了一种令所有有幸参加的人都永生难忘的盛况。在政治上,金缕地之会没有达成任何成就,但是这一直不是两位国王的目的。弗朗索瓦未曾努力说服亨利在他日后与查理的对抗中充当自己的盟友。无论怎样,他非常清楚,另外那两位君主已经计划好在不久后会面,甚至是在亨利返回伦敦之前会面。

当亨利与查理于6月11日[①]在加来和格拉沃利讷之间的地点见面时,气氛是全然不同的。尽管有种种表象,但亨利从未真正喜欢过弗朗索瓦——除了其他几个方面,他带来了过多严峻的竞争。而对于仅有20岁的查理,亨利却有一种真挚的情感。在查理访问英国后,这位年轻人写了一封真诚的信,以感谢亨利和凯瑟琳的热情招待,尤其是感谢"当我们在坎特伯雷时,(亨利)像一位慈父般"给他提出的建议;亨利毕竟已经是查理的姨父,他很可能在某种程度上确实待之如儿辈,或者至少有一种保护他的意味。很明显,查理不仅受到亨利的喜爱,还受到所有在他身边的人的爱戴,而趾高气扬的弗朗索瓦远非如此。但是,亨利没有忘记近日对法国国王做出的承诺,或是两年前的国际条约条款。他没有说一句对弗朗索瓦不利的话,只是同意在没有协商的情况下,他和皇帝以后都不能擅自与法国联姻。查理试图怂恿亨利加入反法同盟,并破坏亨利的女儿玛丽与法国王太子之间的婚约,但亨利拒绝听从"任何让他违背之前的承诺的规劝"。在1520年和1521年初,随着法国和

[①] 原文如此,疑应为7月11日。——译者注

神圣罗马帝国之间的关系逐渐恶化，亨利将自己视为一个长期的调解者，他敦促双方不要做出过激举动，并且令人难以捉摸地警告他们，如果战争真的爆发，那么他一定会"给予某一方帮助"。

尽管如此，亨利很清楚，如果他一定要从法国和帝国中选一方作为盟友，那么他选择的永远会是帝国。与弗朗索瓦结盟对他没什么好处；与查理结盟，亨利就有希望得到他的军队所能征服的法国土地，并且这也大大增加了野心勃勃的沃尔西夺取他心心念念的教皇宝座的机会。正是在此时，即1521年，亨利取消了玛丽与法国王太子的婚约（尽管他前一年并不同意这么做），转而让玛丽与查理订婚，而后者答应到玛丽年满12岁时自己会迎娶她。查理比他的未婚妻年长16岁，但这样的年龄差在王室婚姻中并不少见，也绝对没有让亨利烦恼，事实上，他很激动地接纳皇帝成为他未来的女婿。同时，他承诺将向法国发起新一轮远征，以协助夺回"在法国国王手中却理应属于查理的所有土地"。在缔约国看来，这不仅包含着勃艮第公国，还包括普罗旺斯以及罗讷河以东所有的法国领土。因此，当查理（也得到了教皇支持）与弗朗索瓦在1521年11月开战时，无人会对亨利坚定地站在皇帝一边感到惊讶；四个月后，亨利宣战。

然而，争夺的焦点不是法国，而是意大利。查理关注意大利半岛，是因为他从外祖父斐迪南国王那里继承了那不勒斯、西西里岛和撒丁岛的王位，并且他决心将这些国土完整地传承给他的继任者。他不希求得到更多的意大利领土，并且乐见当地统治者负责管理自己的领地，只要求他们承认西班牙的所有权主张并尊重这种主张；然而，法国的势力不可容忍。只要弗朗索瓦在意大利仍有势力，他就会威胁着帝国对那不勒斯的控制。① 弗朗索瓦在北方也是一个隐患，因为北方的米兰公国已成为弗朗索瓦的一个心结。他曾在1515年的加冕礼上对米兰公国提出所有权主张并在同年的马里尼亚诺之战中夺取了它。

查理皇帝对亨利国王的支持深表感激，所以在他于1522年返回西班牙的途中，他在英格兰停留了六周。他的此番访问开始得不太顺利。5月26日，距离他初次访问已过去了两年，查理到达多佛，但他不得不在多佛等了三天以待行李运抵。然后，他才前往格林尼治，并在那里见到了自己6岁的未婚妻玛丽公主，接着他前往了里士满和温莎。现在，庆典热烈开始了。亨利决心弥补1520年仓促的简便接待。顺便一提，正是在英格兰，查理在7月3日立下了他的第一份遗嘱，地点在汉普郡的毕晓普斯沃尔瑟姆，我们现在仍可在那里看到当时他下榻的宅邸的断壁残垣。他还缔结了另外两个条约，确保亨利加入联合攻打法国的行动中。直到7月6日，他才乘船前往桑坦德。

不过，除了法国，查理还有其他关切，以及很多他惦记着却似乎无法回答的问题。五年前，即1517年，马丁·路德在维滕贝格的教堂大门上贴出了《九十五条论纲》；在此三年后，

---

① 自1266年起，安茹家族一直控制着那不勒斯王国，1442年阿方索一世占领那不勒斯王国，安茹家族的统治才结束，但安茹家族的末代君主雷内一世在1480年去世前一直保留着有名无实的国王头衔。

他公开焚烧了将他逐出教会的教皇谕令；1521年，在沃尔姆斯议会上，他对教皇和皇帝等人做出了更为激烈的反抗。在查理看来，解决他的问题的唯一希望，是召开一次大公会议以商讨改革事宜。但如果法国及其盟友都不参与，那么大公会议又有什么作用呢？

更坏的消息即将到来。

我们阅读关于苏莱曼苏丹的资料越多，就越会发现，他或许决心不让查理成为世界的统治者，而他自己倒有几分可能。因为他的好战先辈，土耳其人之前在东部欧洲的基督教敌人已经不复存在了：塞尔维亚帝国和保加利亚帝国在14世纪末已经湮灭，拜占庭帝国在15世纪中叶告终。现在只剩下匈牙利王国。在两位杰出的15世纪匈牙利统治者——亚诺什·匈雅提及其儿子马加什一世——的统治下，匈牙利王国在对抗这些异教徒的斗争中扮演着坚定的角色。但1490年马加什一世去世后，匈牙利王国的实力和声望大减，而现任国王拉约什二世（查理皇帝的妹夫）似乎不可能恢复王国的实力和声望。

因此，苏莱曼苏丹现在发兵攻打的对象正是匈牙利，他于1521年2月6日从伊斯坦布尔出发，率约10万大军，配300门大炮。苏丹的得力助手易卜拉欣帕夏随行，此时后者不平凡的事业才刚刚起步。易卜拉欣出生于今阿尔巴尼亚境内的一个小渔村，似乎他曾经在一次海盗袭击中被劫走，后来他不知以何种方式来到了伊斯坦布尔并进入苏丹的宫廷。他的魅力、智慧和异常英俊的面孔使朝中的所有人印象深刻,于是他被送到了宫廷学校学习,随后成了苏丹的个人侍从。因为他此后常伴苏丹左右,所以很快得到了升迁。不久后,他成为寝殿侍奉长官,这是宫廷中最重要的官职之一。他也是其统治者最亲密的朋友,他们形影不离,而且他经常单独陪着苏丹。不可避免的是,人们开始议论:苏丹与他的仆人之间明显的亲密关系是正常的吗?如果再这么下去,难道不会有损他的威望和名誉吗?易卜拉欣自己也曾有此番顾虑,据说他曾向其统治者表示,自己被拔擢得过快了。但苏丹却对他的劝阻置之不理,1523年,他任命易卜拉欣为他的大维齐尔。现在,易卜拉欣在这个国家的权力仅次于苏丹。当他娶了苏丹的妹妹哈提婕苏丹后,他的势力更盛。"没有易卜拉欣,无论苏丹还是他的任何廷臣都无法做出决策,"威尼斯大使写道,"然而易卜拉欣不征求苏丹或任何人的意见,就可以做所有事情。"

苏丹新征程的第一个目标是贝尔格莱德,这是萨瓦河和多瑙河汇流处的一个大型要塞,也是通往匈牙利和多瑙河河谷的驻防关口,通过这里,苏莱曼可以带其大军直取布达和维也纳。1456年,亚诺什·匈雅提曾在这里成功击退苏莱曼的曾祖父穆罕默德二世,而且穆罕默德二世在那次战役中身负重伤。苏莱曼决心要报仇雪恨。贝尔格莱德之围持续了三周,直到土耳其工兵成功炸毁了这个要塞的主塔才结束。由塞尔维亚人和匈牙利人共同组成的卫戍部队试图继续战斗,但信奉东正教的塞尔维亚人痛恨信奉天主教的匈牙利人,最终塞尔维亚人与土耳其人单独缔结了和平条约，条件是保全他们的性命。匈牙利人被杀得一个不剩；塞尔维亚人则被带回伊斯坦布尔，并被安置在伊斯坦布尔东北方的一片林地里，现在这片树林仍被称为贝尔格莱德森林。然后，土耳其人大量涌入。不久之后，贝尔格莱德——当时拥有超过 10 万人口——成了奥斯曼帝国境内仅次于伊斯坦布尔的第二大城市。

东部欧洲最重要的基督教堡垒之一落入穆斯林军队之手，而且其最大的教堂被改为一座清真寺，当这些消息传到西部欧洲时，那里出现了大规模的恐慌。哪里会是苏莱曼苏丹的下一个目标？有人认为他可能会发兵布达佩斯，之后他甚至可能会沿多瑙河打到维也纳。但苏莱曼并不着急，匈牙利人不是他唯一的敌人。他现在将注意力转向了一个完全不同的方向，放在了与之前迥异的对手身上：耶路撒冷的圣约翰骑士团（也称医院骑士团）。

圣约翰骑士团最初是一个 11 世纪成立于巴勒斯坦的军事修士会，主要目的是照料伤病的朝圣者，其成员在 1291 年随最后一批十字军被逐出圣地。在多年寻找合适的新驻地、两年的围城后，他们占领了罗得岛，并在 1310 年将其设为自己的基地。通过一份随后的教皇法令，他们拥有了罗得岛的所有权。在这种情况下，圣约翰骑士团不仅是一个骑士团，还是一个主权国家。刚到达罗得岛时，他们的首要任务之一是重新开展医院工作。这里很快就发展为世界上最著名、最好的医院。这个大病房至今仍基本保持着近5个世纪前骑士团遗留下来的样子。它可以容纳不少于85名病患,他们全部由骑士亲自照料。在医院的工作完成后,他们回归其他他们重视的事务中。现在,他们终于可以重拾他们与异教徒的持续战争以及他们公开宣布的目标——"让基督的一切敌人息声"。

像所有早期的奥斯曼苏丹一样,苏莱曼是个虔诚的穆斯林,因此,在他即位后,将注意力转向圣约翰骑士团只是个时间问题。骑士团的岛上要塞就在他的家门口,距安纳托利亚海岸仅10英里。骑士团人数较少,他们没有能与苏莱曼的军队抗衡的陆军或海军,但正如苏莱曼的曾祖父穆罕默德二世吃了苦头才领悟到的,他们绝对不是能被轻易驱逐的。1480年,穆罕默德二世曾率约7万大军(由50艘战船载去)与医院骑士团开战。这些战船上装载着大量威力巨大的大炮,27年前土耳其人正是用它们摧毁了君士坦丁堡的城墙。为抵抗这支大军,骑士团派出了大约600名骑士团成员,还有1500名外国雇佣军和当地民兵。在围城三周后,城墙开始崩塌,他们的大团长身负重伤,但守军依然坚守。土耳其军中却突然出现恐慌;巴什波祖克[①]掉头逃走,大军的其余人跟着他们逃跑了。此事的原因至今是个谜,但无论原因是什么,土耳其人的胜利转变成了灾难。暴怒的苏丹立刻开始组建一支新的军队,但

---

① 非正规且缺乏纪律的土耳其士兵,他们是为了劫掠而战,而不是为了酬劳。

1481年春，当他骑行穿越小亚细亚去指挥军队时，他得了严重的痢疾，一两天后就去世了。

在40年的时间里，穆罕默德二世的这场败仗（他的败仗为数不多）一直未被雪耻。这些年中，骑士团一直在加强防御，他们修建了巨大的转角塔楼，以便为城墙暴露在外的部分提供火力掩护；还加固了抵挡强力火炮（他们在1480年差点被这些火炮打败）的壁垒。骑士团大团长菲利普·维里尔斯·亚当是个十分虔诚的法国贵族，现年57岁，他一生大部分时间是在罗得岛度过的。1521年，刚上任一两周，他就接到了苏莱曼苏丹的来信。苏莱曼在信中大肆吹嘘了一番已经取得的征服成果，包括征服贝尔格莱德和"许多其他美丽而防守森严的城市，并且我杀死了这些城中大部分居民并让其余人沦为奴隶"。其暗示非常明显，但维里尔斯·亚当却不为所动，他在回信中骄傲地讲述了自己在最近打败乔尔特奥卢的事情。乔尔特奥卢是一个臭名昭著的土耳其海盗，他试图在维里尔斯·亚当返回罗得岛时将他劫走，但没有成功。

接着，在1522年的初夏，苏丹寄来了另一封信：

致罗得岛骑士团：

贵团给我长期受苦的百姓造成的巨大伤害，激起了我的怜悯和愤慨。因此我要求你们立刻交出罗得岛和岛上堡垒，而且我会宽宏大量地允许你们带上你们最宝贵的财物安然离去。如果你们是明智的，你们就会选择友谊与和平，而非战争的残酷后果。

信中接着说，任何愿意留下的骑士都可以留在岛上，不必宣誓效忠或朝贡，只要他们承认苏丹的最高统治权。大团长没有回复第二封信。

1522年6月26日，由700多艘战船组成的第一支奥斯曼舰队出现在北方的海面上。接下来两天，越来越多的船只加入这支先锋部队中，包括载着苏莱曼本人、他的大维齐尔易卜拉欣和他的妹夫穆斯塔法帕夏的旗舰，他们从小亚细亚率军而下。据说军队人数近20万。部队规模非常庞大，以至于登陆和集合历时一个多月；人们会想，这是一支无法阻挡的军队，因为对方只有大约700名骑士，即便骑士团一方加上了出自欧洲各骑士团辖区的分遣队、500名克里特弓箭手、约1500名其他雇佣兵，当然还有决心保卫自己的家园和家人的罗得岛基督徒居民，其人数仍远比不过奥斯曼大军。另一方面，这座城市的防御工事非常坚固，因而很多人认为它固若金汤；骑士团在此前一年一直在储备可以供应好几个月的食物、水和军需品。

此外，在这样的战争方式中，围城军的生活总是比被围者更为难熬，因为他们在炎炎夏日和冬天的寒风冷雨下都几乎没有遮蔽。对于被迫处于被动地位的防御方来说，主要的压力在于心理，不过幸运的是，无数的工作让他们无暇他顾。他们必须在城墙上布置持续且严密的警戒，他们要立刻修补城墙的损坏之处，还要注意城下敌军是否有正在挖坑道的可疑迹象。挖地道已经成为奥斯曼军队的某种专长，他们十分清楚，不少坚不可摧的堡垒的下部比正面脆弱得多。

及至当月月底,大规模轰炸已经正式开始。这批大炮比之前围城时所用的威力更大,它们可以把直径近3英尺的炮弹投掷到1英里(约1.6千米)外或更远处。土耳其军队现在在这座城市以南排成巨大的新月状阵形。骑士团军队则根据他们的八种"语言"分队,①每队各自负责守卫一段城墙。到9月中旬,骑士团最害怕的事情发生了。他们发现城墙下分布着不少于50条隧道,这些方向各异的隧道全是土耳其坑道工兵的杰作。幸运的是,骑士团请到了当时最杰出的军事工程师,即意大利人加布里尔·塔蒂尼。塔蒂尼在这里修建了一套他自己的地下坑道系统,通过这个系统,借助一种鼓面紧绷的羊皮鼓(它们能捕捉到土耳其人每一次挥击铁锹的声音),他可以听到并且经常可以破坏敌军的起爆装置。但他不可能万无一失,在9月初,英语区地下的一段坑道爆炸了,城墙被炸出了一道超过30英尺(约9米)宽的口子。土耳其军队涌入,接下来是2小时激烈的肉搏战,最终守城者占据了上风,筋疲力尽的敌军残兵撤回了营地。

然而到了12月,骑士团陷入了绝境。超过一半的战士要么战死,要么严重伤残。尽管苏莱曼仍在开出优厚的条件,但大团长在很长一段时间内都很坚决。他坚称,最后剩下的每个骑士都要在堡垒的废墟中阵亡,而不是向异教徒屈服。罗得岛当地人最后劝他,如果他坚持抵抗,那么最后的结果只能是一

---

① 这些分队基本是按照国家划分的:阿拉贡、奥弗涅、卡斯蒂利亚、英格兰、法兰西、德意志、意大利和普罗旺斯分队。

场大屠杀，一场对骑士团成员和其他相关人员的大屠杀。于是，维里尔斯·亚当终于给苏丹送去了一封信，邀请他亲自进城商讨和平条件。苏丹接受了。据说，当苏莱曼接近城门时，他把自己的护卫打发走了，当时他对他们说："我的安全由医院骑士团大团长的承诺担保，这比世上所有军队都更为可靠。"

谈判持续了很久。最后双方终于同意，骑士团会在12天内离开罗得岛，留下50名人质、25名骑士和25名岛上居民；同时，土耳其军队将撤到该城1英里之外。在5年的时间内，当地居民会被免除税收和"德夫希尔梅"，后者指征募基督徒孩子为奥斯曼帝国效力的制度。苏莱曼还承诺，这座城市会被宽厚对待。但不知为何，一些土耳其禁卫军设法强行入城，而且尽管他们在作战时传奇般地遵守纪律，他们充分展示了他们可以有多么不敬神和野蛮。一个目击者记录："他们进入了宏伟的圣约翰教堂，在里面污损壁画，破坏历任大团长的墓穴，抛撒死者的骨灰，在尘埃中拖拽十字架，并推翻圣坛。"他补充说，所有这一切都发生在圣诞节的早上。

次日，大团长正式投降。据说苏莱曼以礼相待，对大团长及其部下的顽强和勇气表示敬意。他说，偶尔损失城镇和行省是每个王公的宿命。一周后，在1523年1月1日的晚上，这次围城（围城史上最重大的围城之一）的幸存者乘船前往克里特。据记载，在苏丹目送他们离开时，他转向了易卜拉欣帕夏，然后喃喃地说："强迫那位勇敢的老人离家让我感到很悲伤。"

对于骑士团来说，再找一处驻地也不容易。在克里特之后，他们先后试着在墨西拿、维泰博和尼斯立足，但都没有成功。后来，在1530年，查理五世向他们提供了马耳他以及临近的戈佐岛，还有在北非海岸的城市的黎波里（作为附赠）。所需费用是在每年万灵节时交上一只猎鹰，即"马耳他之鹰"。骑士团欣然接受了，并立刻开始筹建他们的新医院。此后268年，马耳他一直是他们的驻地。

不过，正如我们将要看到的，他们与苏莱曼苏丹还有事情要了结。

3
"徒留虛名"

'All is lost, save honour'

在过去的五六年里，亨利八世一直纠缠着罗马，他想要获得一个可以比得上其他君主的特殊头衔——西班牙的最笃信天主教的国王和法兰西的最笃信基督教的国王[①]——的头衔。罗马方面并不反对这个主意。早在1512年，尤利乌斯二世曾打算把有裂教倾向的路易十二的头衔转给亨利，但他最后改变了主意。直到1521年一本装订精美的《捍卫七圣礼》被呈给了利奥十世，这件事才有了实质性的进展。这是亨利国王刚刚写就的一本书，此书驳斥了路德近期出版的《教会被掳于巴比伦》。或许令人感到吃惊的是，利奥十世当时被《捍卫七圣礼》深深触动了。他入迷般地阅读它，不断感叹这样一本书竟然出自一位国王之手，[②]并且称赞它是"天空中的"明星。他不能再推迟亨利国王的新头衔这个问题了，于是决定赐予他"信仰捍

[①] 原文为"the Most Catholic King of Spain"和"the Most Christian King of France"，按照中国的翻译习惯，"Catholic"和"Christian"分别译为"天主教"和"基督教"。教皇分别在1380年左右和1493年将这两个头衔授予法国国王和西班牙国王。——译者注
[②] 亨利肯定接受了朋友的很多帮助，但他好像亲自写就了这本书的许多内容。

卫者"（Fidei Defensor）的头衔。理论上这个头衔只授予亨利，而不给其继任者，但在1543年，通过议会法案，这个头衔成了英格兰君主世代享有的头衔。这整件事似乎有些前后矛盾，因为这个头衔中的信仰是罗马天主教信仰，而亨利及其继任者并未努力去"捍卫"它。① 但是这个头衔的缩写，"Fid Def"或更常见的简写"F D"，直到今天仍屡屡出现在英国的铸币上。

同样是在1521年，为了加强自己在意大利对抗法国的力量，查理皇帝与教皇利奥十世签署了一份秘密条约，在此基础上，教皇和帝国军队联手将法国人逐出了伦巴第，他们恢复了斯福尔扎家族在米兰的统治，并顺势让教皇夺回了6年前失去的帕尔马和皮亚琴察。利奥十世当然要好好庆祝一番，随后举行的宴会似乎特别喧闹并持续了整夜，他在宴会中受了寒并很快发起了高烧，12月1日，利奥十世去世了。作为一个文艺复兴式贵族，他可谓拔丛出类；作为教皇，他是一场灾难。据估算，他在7年间花费了大约500万达克特，他去世时欠有超过80万达克特的债务。国库如此，因而梵蒂冈甚至没有为他的葬礼购置新的蜡烛，最后使用的蜡烛是几天前过世的一位枢机主教的葬礼上剩下的。

众所周知，教皇选举会议十分难熬，而此次会议一定是历史上最难熬的会议之一。时值隆冬，梵蒂冈完全没有供暖设备；很多窗户缺了玻璃，只能简单地用木板挡住，因此室内也基本没有光。多数与会者长期享受着极奢华的生活；如今他们

---

① 除了詹姆斯二世。但天主教给了他很大好处。

聚在一处，在昏暗的房间内打着哆嗦。他们的食物很少（只能通过"墙上的一个转盘"送给他们），饮水更少，而且只有最基本的卫生设备。到第六天，一位年迈的枢机主教奄奄一息地被抬了出来，而此时，本就贫乏的配给还在减少。人们或许会想，这种安排可说是催人赶快做出决定的绝佳办法，但这些大人无法达成一致，局面继续僵持下去。

然而，几天后，查理皇帝寄来了一封信，他热切推荐他从前的导师阿德里安·弗洛伦兹·德代尔，这是一位来自乌得勒支的 62 岁的荷兰人。在罗马的各位甚至都没怎么听说过他，不过，他在这个城市里没有敌人，而且考虑到他的年龄，他不可能在位太久。何况，在教皇利奥十世之后，选择一个（在众人的认知中）名声清白的折中候选人并非坏事。而且，投他一票，不是代表着从天寒地冻的梵蒂冈逃回自己的温暖宅邸的最佳机会吗？于是，在经过了 14 天梦魇般的秘密会议之后，1522 年 1 月 9 日，教皇阿德里安六世——他没有采用一个教皇尊号——终于被选举为基督在现世的代表。

阿德里安通过海路在这年 8 月才到达罗马。他不会说意大利语，他的拉丁语也让人难以理解，在年底之前，他已经引起了所有人的反感。民众觉得他是一个北方蛮族人；教廷对他拒不发放常规圣俸的行为大为光火；查理五世本指望着他能加入反对弗朗索瓦的联盟，但他没有；弗朗索瓦在教皇逮捕并监禁了一名密谋将那不勒斯交给法国人的枢机主教后，也反感这位教皇。同时，阿德里安过得像个修道士。文艺复兴式教皇已经使高级妓女、娈童和宴会在教廷中变得非常常见，但这些现在都不见了。他严格地一天在饮食上就花一克朗,而且只雇用他以前的佛兰德斯女管家作为他的用人,由她负责他所有的烹饪、洗衣和清洁工作。他对文艺复兴的艺术和建筑丝毫不以为意;他威胁说要把西斯廷礼拜堂刷白,把《拉奥孔》雕像扔到台伯河里。

不消说,他之前承诺的改革都没有实现。他无法控制枢机主教,他们依然养尊处优;他也没有阻止赎罪券——没有赎罪券教会会面临破产——的兜售。他所有的措施都黯然收场:组建一个对抗苏莱曼苏丹的欧洲联盟的尝试;他对宗教改革(像前任教皇利奥十世一样,他一直拒不承认宗教改革的重要性)的处理方式;甚至是在骑士团被逐出罗得岛后,他提出的在整个基督教世界休战三年的提议。当他在 1523 年 9 月(他抵达罗马刚一年多)生病并随即去世时,四处皆有解脱之感。此后又过了四个半世纪,才有下一位当选教皇不是来自意大利。

但那种解脱因为又一次秘密会议的暗淡前景而被中和了。好在这次秘密会议在秋天召开,而不是冬天,但它的结果更糟:这一次,枢机主教们只用了 50 天就做出了决定。他们最终选择了教皇利奥十世的堂弟朱利奥·德·美第奇,即克雷芒七世。① 他与他的堂兄截然不同。利奥十世长得非常丑,他长着一个大头,还有一副又胖又红的面庞,但是他有一种令很多人难以抗拒的魅力。克雷芒现年 45 岁,身材瘦长;如果没有

---

① 利奥是"豪华者"洛伦佐的儿子,克雷芒是洛伦佐的弟弟朱利亚诺的私生子。朱利亚诺于 1478 年在佛罗伦萨被帕奇家族刺杀。

扁平的嘴唇、倨傲的表情和几乎总是皱着的眉头，他或许会很中看。他虔诚、尽责、勤勉，但没有人特别喜欢他。与他同时代的弗朗切斯科·圭恰迪尼甚至形容他"有些孤僻和难相处，有聚敛无厌的恶名，完全不值得信任而且他本性不会行善事"。

或许我们可以设想，这样一个人不管他如何缺少社交魅力，至少会是一个合格的教皇。但克雷芒并非如此。他是个优柔寡断的人，一到别人要他做决定时他就会害怕。他也完全没有他当初看起来那么睿智。他或许可以成为一个还不错的重要人物；作为一个宗教领袖，他却是一场灾难。克雷芒在位11年间的几项纪录就可以说明问题：自蛮族入侵以来最严重的罗马之劫，新教在德意志成为一个单独的教派，而且英国国教会因为亨利八世离婚案而彻底脱离。

1522年和1523年之交的冬季，在格林尼治的亨利获悉一则有趣的消息。这件事有关夏尔三世，此人是第十代波旁公爵和法国统帅。即使是在法国贵族里，他也算是最显赫的，同时也是其中最骄傲自大的。他曾在马里尼亚诺之战中指挥法军前锋，并被弗朗索瓦授予了米兰总督的头衔。后来，他曾在金缕地之会上为弗朗索瓦持剑。但不久之后，从未对其放松过警惕的弗朗索瓦解除了他的军事指挥权，然后将指挥权转交给了自己的姐夫阿朗松公爵。对于波旁公爵而言，这已经够糟了，但还有更糟的。1521年，波旁公爵的妻子（也是他的远房堂妹）

苏珊去世；苏珊本身也出自波旁家族，她从她的父亲那里继承了几乎所有家族领地，她在自己的遗嘱中将这些领地都遗赠给了她的丈夫。因此，当弗朗索瓦的母亲萨伏依的路易丝和弗朗索瓦本人提出对这些土地的所有权主张时，我们可以很容易地想到夏尔三世的反应。萨伏依的路易丝给出的理由是"血缘关系亲近性"——路易丝的母亲是第一代波旁公爵的女性后裔，弗朗索瓦则认定这些土地已转归王室。

更复杂的是，苏珊没有留下子嗣，因此夏尔三世必须再婚，以保证他的世系延续。路易丝钟情夏尔三世多年，她提出由自己成为他的第二任妻子，这样可以解决这个问题。但她此时已44岁，比夏尔年长14岁，因而夏尔拒绝了她。但是，路易丝和弗朗索瓦将他的拒绝视为一种侮辱，瓦卢瓦家族与波旁家族的关系降到了冰点。结果，夏尔三世投奔了弗朗索瓦的仇敌，即帝国和英格兰。秘密谈判准备就绪。6月底，英国驻低地国家的使臣按照指示乔装出行，找到波旁公爵并向他提出条约条款，一两周后，亨利、查理和波旁三方签订了条约，条约承诺三方共同入侵法国。

这已经是一年中非常晚的时候了（大多数战役始于早春），但又实在是机不可失。于是，在1523年8月，在亨利第一次入侵法国几乎整整10年之后，萨福克公爵率一万大军横渡英吉利海峡。他的主攻目标是布洛涅，拿下这座城市将大大有利于那场正在为来年筹划的更宏大的战役，但他的领导者们改变了主意。公爵到达加来后三周左右，沃尔西提议立刻攻打巴黎，他指出"此后将再也不会有这样一个攻取法国的时机了"。

亨利国王起先反对：当年的时间已经过晚，为一支快速移动的军队储备食物的问题太大了；弗朗索瓦或许迅速从意大利召回了军队，这会使入侵者面对着一支非常强大的军队。但他最终被说服了，萨福克公爵及时命令他的手下进入法国的心脏地带。到10月底，他们距法国首都仅50英里（约80千米）。可是突然之间，灾难从四面袭来。波旁公爵计划从贝桑松出征，但这次出征刚一开始就崩溃了；萨福克公爵的勃艮第盟军抛弃了他；一场非季节性的降温对全军造成了大破坏，尤其是对马匹，接着又是骤然回暖，这使得满地泥泞，重炮寸步难行。甚至连支帐篷都十分困难。现在的情况让人无能为力，只能选择不光彩地撤军。同时，弗朗索瓦正式革除了波旁公爵的一切职务，并宣布他是一个叛国者——他确实是。

不用说，亨利听闻这场灾难后真是气急败坏。起先他完全不接受这样的结果，命令那支现在十分颓丧的军队掉头回去并继续作战。最后他终于接受了如下事实：在即将到来的冬天，什么事都做不成了。不过他坚持说这只是个以退为进的问题，并且他立即开始筹备来年春天的新战役。同时，他派遣使者理查德·培斯与波旁缔结了一个新的条约。波旁热情款待了培斯，并且宣誓效忠亨利。"我以我的信仰向你承诺，"他宣称，"我会把法兰西的王冠戴到你我共主的头上，否则我的寿命会折损。"为实践诺言，他经普罗旺斯大举进军马赛，但他这一次也无法取得长久的战果。不知为什么，他突然放弃了对马赛的包围，然后穿过边境进入意大利。查理和亨利都认为他们迷人的新盟友有致命的弱点，现在看来他们的这种看法是不足为怪的。

皇帝查理曾在1521年与教皇利奥十世缔结一项秘密条约，按照此条约，在帝国与法国国王的较量中，教皇将直接站在帝国一边；现在，查理自然而然地认为，利奥的堂弟克雷芒七世将遵守这个条约。但克雷芒并没有这样做。相反，他努力让双方讲和。这次尝试彻底失败了，就像所有人之前告诉过他的那样。查理只会为了获得勃艮第而放弃米兰。同时，弗朗索瓦则一如既往地决意要再次发动一场意大利战争，既然没有教皇的明确反对，那么他的前路就畅通无阻了。1524年夏，他率领大约两万大军越过塞尼山进入意大利。1524年10月，他夺回了米兰。

然后，他挥兵南下帕维亚。攻打这座城市比预期中要困难；6000名德意志人和西班牙人组成的卫戍部队从一开始就摆明，他们打算奋力相搏。弗朗索瓦甚至一度想让流经城墙南侧的提契诺河改道，但他的水坝被倾盆大雨冲垮了。他最明智的方针应该是退回米兰过冬，但他有些荒唐地宣称，法国国王围城绝没有无果而终的道理。他要持续围城，直到防御方都饿死，但是他们似乎并不容易饿死。结果，他和他的军队熬过了一个极其寒冷和难耐的冬天，直到2月下旬，他们还在那里。这时，一支帝国军队出现了，我们大概可以料想到，领兵将领不是奥地利人或西班牙人，而是弗朗索瓦从前的朋友、如今的死敌——波旁公爵夏尔。

两军在帕维亚城外的米拉贝洛城堡猎场对阵，最终双方在

1525年2月24日周二早上交锋。那天正好是皇帝的25岁生日。这是欧洲历史上最具决定性的战斗之一。它或许也首次确切证明了火器优于长矛。这次为弗朗索瓦作战的瑞士长矛兵英勇奋战，但是他们的武器虽也令人生畏，却根本不是西班牙子弹的对手。战斗结束后，法军基本全军覆没；约14000名士兵横尸疆场，既包括一方的法国和瑞士士兵，也包括另一方的德意志和西班牙士兵。弗朗索瓦一如既往地身先士卒；战马战死后，他继续徒步作战，直至最后力竭被俘。"我徒留虚名和一副皮囊，"他写信给母亲说，"一切荡然无存。"① 现在他只是腿部有瘀青，手和脸颊有刮伤，他能活着是莫大的幸运；据保守估计，在战场上的1400多名法国重装骑兵中，不超过400人幸存下来。

弗朗索瓦先是被带到阿达河畔的皮齐盖托内城堡，在那里待了大概三个月。弗朗索瓦被俘的消息以不同的方式传到了其他君主的耳朵里。据说，查理于3月10日在马德里获悉此讯，他安排了感恩仪式，然后他独自去进行祷告。他还指示那不勒斯总督要仔细照料他的囚徒，并且要经常向弗朗索瓦的母亲通报情况。而在此前一天接到这个消息的亨利从床上跳了起来，他披上一件衣服，高兴地大叫着，接着他跪地感恩。他宣布："所有英格兰的敌人现在都消失了。"然后他叫人送来了酒，邀

---

① 弗朗索瓦国王被俘在很大程度上要归功于西班牙将领佩斯卡拉侯爵费尔南多·弗朗切斯科·达瓦洛斯的绝妙出击。如果他没有在当年12月过世，我们就可以听说他的更多事迹。据同时期的历史学家保罗·乔维奥记载，他死于不当的饮水习惯。

请信使一同庆祝，他荒谬地把这位信使比作报喜的大天使加百列。各处的灯塔照射着英格兰大地，沃尔西在圣保罗大教堂主持了一场不同寻常的庆祝大弥撒。

但仅仅庆祝是不够的。现在是时候开展被亨利称为"大事业"的工作了，即为了查理和他自己，在波旁公爵的协助下入侵并瓜分法国。此事刻不容缓。他立刻派了一个使团去西班牙详谈。弗朗索瓦被俘是上天对"他的高傲"、他的骄矜自负和他的贪婪野心的惩罚。亨利建议，赎回弗朗索瓦或者让他复位是绝对不可能的，哪怕是让他在一个已然削弱的王国复位也不行；"莫如让他的整个血脉和继承世系被废除、消除甚至彻底断绝"。现在联军必须立刻开赴巴黎，亨利会在巴黎"通过合理的继承权"而被加冕为法国国王。然后，他和查理将一同进军意大利，在意大利，他将襄助查理收回权利，甚至见证查理在罗马的加冕礼。

但他大失所望。查理国库空虚，根本无心重绘欧洲版图。亨利的使者带着查理的回复返回了英格兰，他们并没有遮掩实情。他们向亨利汇报，皇帝"不想蒙受您的各种恩惠"。这还不是最糟的。4月，皇帝派骑士长潘纳罗萨作为特使前往伦敦，特使申明，除非英方即刻送玛丽公主到西班牙，并以现金形式备齐她的大部分嫁妆，否则他的主人会请亨利国王取消婚约，这样皇帝就可以迎娶另一位表亲，即葡萄牙国王曼努埃尔一世的女儿伊莎贝拉。（他肯定没有提到伊莎贝拉会带来90万金达克特现金）。查理五世非常想早些结婚，因为他急着返回欧洲北部，并且想要留下一位皇后统治西班牙。

▲英格兰的亨利八世,时年45岁。荷尔拜因绘于1536年。

▲苏丹苏莱曼大帝,对于他自己的臣民来说,他是"立法者"。

◀"法国文艺复兴的化身":法兰西的弗朗索瓦一世,时年36岁。让·克卢埃绘于1530年。

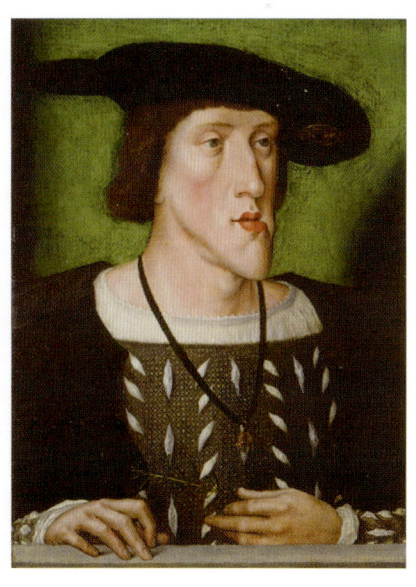

▶查理五世皇帝。那个哈布斯堡下巴画得或许有些过于夸张?

▲ "美男子"腓力的孩子：左侧是他的儿子斐迪南和查理（7 岁），右侧是他的女儿，她们全都成了王后——埃莉诺（法国王后）、伊莎贝拉（丹麦、挪威和瑞典王后）、玛丽（匈牙利和波希米亚王后）和凯瑟琳（葡萄牙王后）。

◀ 葡萄牙的伊莎贝拉，查理五世的妻子。提香绘于 1543 年。在她去世后，查理从未再婚，而且余生服黑衣。

▶罗克塞拉娜,苏莱曼大帝的妻子。我们不知道这个极富想象力的画家的姓名。

◀苏莱曼苏丹和他的宫廷,1558年。出自阿里菲·塞莱比创作的《苏莱曼之书》(*Süleymanname*)。

▲亨利八世于1520年抵达金缕地,他在此首次见到弗朗索瓦。

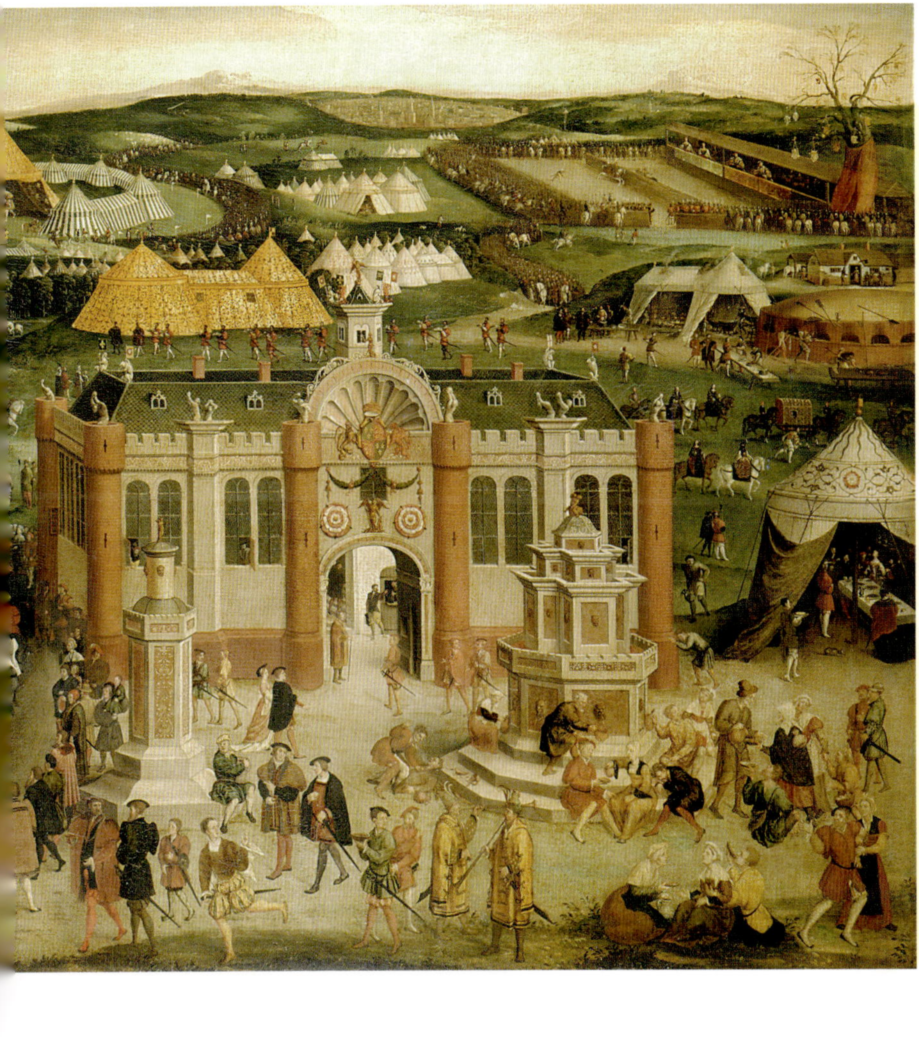

◀弗朗索瓦一世和埃莉诺王后,明显可以看出她是查理五世的姐姐。

▲弗朗索瓦的个人标志——戴王冠的蝾螈。出自他的布卢瓦城堡。

▶安妮·德·皮瑟勒,埃当普公爵夫人:"学者中最美丽的,美人中最博学的"。

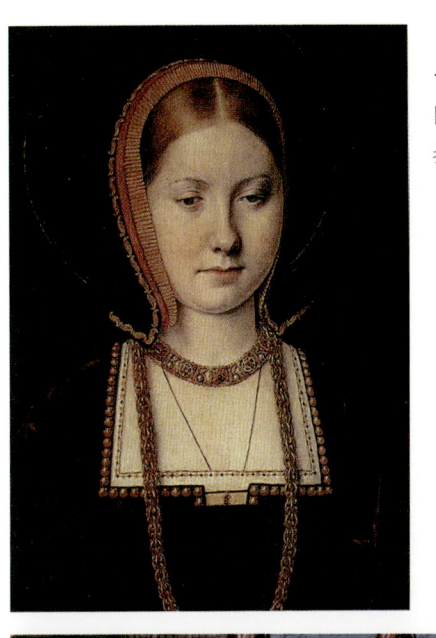

◀《贵族女士像》，爱沙尼亚画家米希尔·西图，约于 1510 年。一般认为画中的人物是阿拉贡的凯瑟琳。

▼亨利八世在宫廷小丑威廉·萨默的陪伴下演奏竖琴。《亨利八世诗篇》的插图。

▲萨里的无双宫。亨利在1538年命人建造这座宫殿,并且有意将其作为都铎财富和实力的宣言——他希望这座宫殿可以匹敌弗朗索瓦的香波堡。现在这座建筑片瓦不留。

▲香波堡。这座建筑在1519年由弗朗索瓦开始修建,以作为一处游猎居所,在他去世时该建筑尚未竣工。

对亨利而言，这是背叛行径。他曾真心实意地喜欢查理，帮助过他，指引过他，还曾借钱给他。他和凯瑟琳都盼着查理不仅是他们的外甥，还是他们的女婿的那一天。现在亨利再无他法，他只能回复他希望皇帝立刻还清债务，并且认为他们之间订立的条约全部失效。同时，沃尔西立即奉命与法国单独媾和。

可能部分是因为亨利的怒火和懊恼，他迁怒于自己的妻子。此时他们已经结婚16年。最初的激情（如果有的话）早已燃尽，而且凯瑟琳一直没有生出儿子，这也无益于改善他们的关系。亨利与凯瑟琳的侍女贝茜·布朗特所生的儿子小亨利·菲茨罗伊已年满6岁。可能是因为亨利八世把他看成一个潜在的王位继承人，他将这个孩子带入了公众视野。1525年6月18日，这个小男孩沿河被带到了亨利在黑衣修士区新建的布里奇韦尔宫。在所有廷臣和很多英格兰贵族面前，他先被封为爵士，然后被授予贵族头衔；最后，这个男孩站起身来，被封为里士满和萨默塞特公爵。到了傍晚时分，他还成了英格兰、威尔士和爱尔兰海军大臣，诺曼底、加斯科涅和阿基坦海军大臣，嘉德骑士，卡莱尔城市和城堡的守护者，以及英格兰等级最高的贵族。这是自12世纪以来英格兰国王首次给一名私生子授爵。①

凯瑟琳不得不目睹这一系列典礼，她的感受可想而知。这

---

① 第一次是在1188年，当时亨利二世封他的儿子威廉·朗斯沃德为索尔兹伯里伯爵。

是一种对她和她的女儿的故意侮辱,她不打算对此善罢甘休。她向她的丈夫、沃尔西和所有她接触到的人表示抗议,但她的抗议被置若罔闻。此后不久,在没有提前与凯瑟琳商讨的情况下,沃尔西快速遣走了她的不少侍女,理由是她们煽风点火。还不止如此。亨利现在要求他的女儿,即 9 岁的小公主玛丽,住到拉德洛城堡去,以承担作为威尔士公主的责任。那里距伦敦 150 英里(约 241 千米),路上要花费整整一周时间。而抚养她、教育她、几乎没有离开过她的母亲,却被明确禁止陪同她。

只有一件事算是安慰。玛丽依然是威尔士公主。在王位继承的问题上,亨利明显尚未下定决心。

直到 5 月,弗朗索瓦都待在皮齐盖托内。之后,本来他要被带到一所那不勒斯的监狱,但那样的前景实在令人生厌,于是他恳求帝国总督查理·德·拉努瓦将他送往西班牙。拉努瓦同意了,于是这位被俘的国王在 31 日从热那亚乘船前往的目的地是西班牙。到巴塞罗那后,弗朗索瓦收到了皇帝写来的一封信。令人惊奇的是,拉努瓦之前并没有告诉皇帝自己的决定;查理当时在马德里,他是凑巧才听说这个消息的。然而,他没有表示出丝毫的怒意,他欢迎弗朗索瓦国王来到西班牙,并表达了对于和平结局的期望。

从弗朗索瓦到达西班牙一直到他抵达马德里,他发现自己受到了作为国王应得的礼遇。在巴塞罗那,他参加了在大教堂举行的弥撒,甚至摸治了淋巴结核病患。① 在巴伦西亚,他被人群团团围住,因而负责其安全的西班牙军官费尔南多·德·阿拉孔不得不将他转移到城外一座舒适的别墅里。去往马德里的最后一段行程更像是王室出巡。沿途有宴饮、斗牛,还有到医院和大学的参观。但在马德里,一件失望之事在等着他:他在8月11日一到达马德里,就被安置在阿卡扎的塔楼,这个塔楼坐落于现在的王宫的所在地。② 两个世纪后造访此地的圣西门公爵在他的《回忆录》中这样描述:

> 这个房间不大,只有一扇门可以进出。这个房间因为一道斜面墙而显得大了一些,这道墙在进门右手边、对着窗户的地方。那扇窗户足够宽,阳光可以照射进来,窗上装上了玻璃而且可以打开,但是窗上装有一道双层铁窗格,这道结实牢固的铁格子焊在墙体上。房间里可以摆得下椅子、箱箧、几张桌子和一张床。

公爵还补充说,窗子距离地面至少100英尺(约30米),两个连队的士兵日夜守卫着塔楼。弗朗索瓦曾试图化装成黑人奴仆逃跑,但没有成功,他唯一的运动是在严密看护下偶尔骑骑骡子。与此同时,和谈——明显不能长久拖延下去了——的

---

① 11—18世纪,英国人和法国人普遍相信,国王的触摸能让淋巴结核病人康复。——译者注
② 塔楼于1734年毁于大火。

准备工作已经开始。

皇帝的决定性胜利震动了整个意大利半岛,在这里,和平,甚至相对和平,有赖于力量的平衡。但意大利不是查理担心的主要对象。事实上,尽管他们相互之间有敌意,但他需要弗朗索瓦。无论他们之间的分歧如何不可逾越,他们二人必须合力对抗马丁·路德,且现在还要合力对抗苏莱曼。查理现在想知道,可怕的苏莱曼苏丹接下来会攻击哪里。无疑,苏莱曼会继续对抗基督教世界的军队;如果不发动一场齐心的十字军战争(由查理亲自率领并得到所有基督教国家的支持),怎么能阻挡他呢?但在当前的情形下,怎么能说服弗朗索瓦支持这样一番事业呢?简而言之,当欧洲本身四分五裂时,这样一场十字军战争怎么才能发起呢?

1525年7月,和谈在托莱多开启,法方出席人为弗朗索瓦的母亲(当时的摄政)萨伏依的路易丝和他的姐姐阿朗松的玛格丽特。在和谈中,勃艮第像以往一样一直是争论的焦点。到9月11日,和谈者还在进行拉锯战。然而就在那天,弗朗索瓦突然生病了,并且生命垂危。他有23天都卧病在床,而且大部分时间都不省人事;此前没有表现出会见弗朗索瓦的意愿的皇帝匆忙赶到了他的病榻边;这是他们第一次见面。据医生说,病因是"头部的脓肿",但是16世纪的医学诊断根本不可靠,具体情形我们无从得知。无论如何,国王突然开始康复了,他刚一有好转就被送到了马德里,谈判在那里继续进行,直到他宣布他同意拟定的条约。

康复中的弗朗索瓦在1526年1月14日签订了《马德里条

约》。关于该条约，首先要说明的是，尽管弗朗索瓦准备把自己的两个儿子送去做人质以保证自己会安分守己，但他根本无意遵守这个条约。作为预防措施，他甚至签署了另一项秘密的宣言，该宣言宣布勃艮第的让与是无效的，因为勃艮第是从他手中强行攫取的。否则他怎么可能轻易地宣布放弃他长期坚持的所有权主张，不仅是对勃艮第的所有权主张，而且还有对那不勒斯甚至米兰的所有权主张？① 弗朗索瓦还远未痊愈，1月29日星期日，他不得不被人用轿子抬往教堂。但他回来时骑着骡子，第二天，他已经能出席为他举办的午餐会了。据说，在此之后，他到访了一家女修道院，他在那里摸治了30名患有淋巴结核的修女。

2月13日，查理五世在马德里与他会面。这次会面是弗朗索瓦迎娶查理的姐姐埃莉诺（葡萄牙国王曼努埃尔一世的遗孀）的条约的一部分。现在皇帝介绍双方初次见面。埃莉诺想要亲吻弗朗索瓦的手，但后者坚持，作为她的丈夫，她应该吻他的嘴。这符合弗朗索瓦的一贯做派。次日，埃莉诺为他表演了一支西班牙舞蹈。第三天，两位君主分别。查理前往里斯本迎娶葡萄牙公主，即曼努埃尔国王的女儿伊莎贝拉。弗朗索瓦返回巴黎，他的新娘会在适当的时候跟上他。

但在回到巴黎前，还有一个令人不快的小仪式要完成。仪式在比达索阿河上举行，这条小河是法国与西班牙边界的一部

---

① 顺便一提，他还将有争议的领地都归还给了波旁公爵，"前提是我们再也不会见到他"。但是在波旁公爵在世时，这次领地归还从未实现。

分（现在仍是）。河上没有桥，人们只能乘船过河。1526年3月17日清晨，两条手划船行至河心的浮舟处。一条船载着法国国王、那不勒斯总督和阿朗松，另一条船载着8岁的法国王太子和他7岁的弟弟奥尔良公爵亨利。这两个孩子还没有从严重的麻疹中完全恢复过来，他们要作为人质去西班牙度过一段不定的时期，以确保其父不会行为失当。当两条船停靠在浮舟处时，他们交换了船上的乘客，弗朗索瓦挥泪给他的孩子们画了个十字，并答应会尽快接他们回来，但人们会想，有多大希望呢。交接完毕后，两条船返回它们原来的泊船处。

～

亨利八世听闻弗朗索瓦在帕维亚被俘的消息非常高兴，但弗朗索瓦在马德里订立的条约却在伦敦引起了完全不同的反应。枢机主教沃尔西简直不能相信他听到的消息。想象一下，查理竟然重新获得了勃艮第，他的姐姐埃莉诺成了法国的王后！如果查理和他的弟弟斐迪南死后都没有合法的子嗣，会发生什么呢？他们的遗产会被移交给他们的姐姐和她的丈夫弗朗索瓦。欧洲的未来看上去的确很危险。

另一方面，弗朗索瓦度过了一个惬意的夏天，他在自己的领土上从容地骑行，秋天才到巴黎，到那时，《马德里条约》激起的怒火已经开始熄灭，尽管勃艮第议会仍在大声抗议，认为国王无权在未经当地人同意的情况下就把王国的一个省份割让出去。弗朗索瓦很简略地回答说，他不打算这样做。众所周知，在狱中做出的允诺是不具备约束力的。他不想与查理为敌；但别的不说，他想要接回他的儿子。同时，势力平衡已经变得严重动荡；皇帝又一次太过强大，很明显，必须想办法挫挫他的锐气了。

教皇克雷芒十分惊惶：如果在意大利没有法国的势力，他怎么可能应对来自帝国的压力呢？他仓促地召集了米兰、威尼斯和佛罗伦萨，以组建一个守护自由和独立的意大利的反帝国同盟，并邀请弗朗索瓦加入。尽管《马德里条约》墨迹未干，而且弗朗索瓦和教皇在米兰问题上各持己见（教皇支持斯福尔扎家族，而弗朗索瓦仍想将米兰划入法国版图），但在1526年5月22日，国王用他常用的花体字签署了联盟条约，这个联盟后来被称为科尼亚克联盟。他知道，这意味着他要过很久——也许再过三四年，除非他能说服查理接受一笔现金赎款——才能再次见到自己的儿子，不过他们在西班牙会得到精心照料。他们还会学习西班牙语，结下在将来大有用处的人脉。

在查理看来，这完全就是一场背叛。如果曾经有赎回人质的可能，现在则是完全不可能了。弗朗索瓦的背信弃义使他畏惧，也使他大为惊愕：王冠在首之人不能如此寡廉鲜耻。他本来一直计划要到意大利由教皇为他加冕，现在这趟行程明显不得不延后。据一位英国使节记录，"他忧愁且孤独，有时会沉思三四个小时。没有什么能让他高兴、给他抚慰"。他没有对法国大使隐藏他的怒火：

> 我不会拿他们（那两位小王子）换钱。我拒绝用钱换他们的父亲，我更不会用钱换他的儿子。我愿意按照合理的条约归还他们，但不是为了钱，我也不会再相信弗朗索瓦国王的任何承诺；因为他欺骗了我，他的做法使他不像个高贵的君主。他解释说，某些承诺的兑现必然会招致臣民的怨恨，那就让他兑现在他权力范围内的承诺——他曾凭着一位君主的荣誉承诺会实现这一点；也就是说，如果他无法实现他的所有承诺，他会即刻重回监狱。

科尼亚克联盟——亨利大力支持这个联盟，但他谨慎地没有加入它——将一个令人耳目一新的概念引入意大利事务中。或许这是人们第一次同意达成如下提议，即米兰以及所有其他意大利国家应该摆脱外国控制。自由是这个行动的口号。很明显，此时还没有提出作为整体的意大利要获得自由，因为意大利仍只是一个地理概念；同时，这个联盟的所有意大利签约方也都心知肚明，抵御查理五世（或弗朗索瓦一世，如果需要的话）的唯一希望在于他们的内部分歧的和解、他们的资源的集中和一个对抗任何意图入侵者的坚定统一阵线。意大利统一运动距此时还有三个多世纪，但这或许是那种带来意大利统一运动的民族感情的第一次显现。

然而，弗朗索瓦仍然感到有危险。查理和他的弟弟斐迪南似乎决心控制整个欧洲，而他自己的王国可能已被潜在的敌人包围了。如果法国不想被征服，那么法国最好在东方找到一个新盟友，而这个盟友只可能是奥斯曼苏丹。在王太后的命令下，前去拜会苏莱曼的第一个法国使团在1525年年初（帕维亚之战后不久）出发了，那时国王还未被释回国。使团团长的名字没有流传下来；不过我们知道，他带了许多珍贵的礼物。这些礼物太珍贵了，结果他和全部随行人员在途中被波斯尼亚帕夏杀死，帕夏独吞了全部财宝。这时已经获释的弗朗索瓦听闻这个噩耗后，似乎镇定地接受了此事。他立刻派出了另一个使团，这次由约翰·弗兰吉帕尼带队。他是一位为法兰西效力的克罗地亚贵族，如果帕夏杀心再起，那么弗兰吉帕尼至少可以用帕夏自己的语言告诫他。事实上，弗兰吉帕尼——他带了一封法国国王的信，将其藏在他的鞋底——在12月平安地到达了伊斯坦布尔，他在那里受到了非常热烈的欢迎。悔过的帕夏被传唤到奥斯曼宫廷，不得不归还他之前掠走的所有物品，同时苏丹很爽快地同意——虽然没有做出任何明确允诺——他和他的法国新朋友将不遗余力地阻止查理五世皇帝成为"世界的统治者"。

弗兰吉帕尼还提出了很多小请求，苏丹也即刻悉数同意了，只有一件事除外：耶路撒冷的一座教堂已经被改为清真寺，苏丹拒绝将它改回最初的用途。他礼貌地解释说，伊斯兰教法不允许清真寺改变功能。但是甚至连这个小挫折也得到了妥善安抚：

> 清真寺以外的其他地方仍旧为基督徒占有。在我们公正的统治期间，不会有人骚扰那些留在那里的人。他们会在我们的庇护下平静地生活……他们可以保持所有他们现

在占有的小礼拜堂和其他建筑的绝对安全,任何人都不准以任何方式压迫和折磨他们。

通过与奥斯曼宫廷建立这种友好的关系,弗朗索瓦无疑改善了东方的基督徒的处境,但他没有忘记他的主要目标,即让奥斯曼帝国帮助他对抗查理。他与苏丹的谈判此时在欧洲人尽皆知;正如托马斯·克伦威尔曾经评论的,只要能帮他夺回米兰,没有什么基督徒的顾虑会阻止这位法兰西国王把这个土耳其人和恶魔带入基督教世界。弗朗索瓦自己也承认:

> 我无法否认,我热切地渴望这个土耳其人足够强大并且做好了作战准备,不是为了他本人,因为他是个异教徒,我们是基督徒,而是为了削弱皇帝的力量,让他付出沉重的代价,并让所有其他政府可以安心地对抗这么强大的一个敌人。

在他的敌人看来,"最笃信基督教的国王"现在成了"基督教世界的刽子手"。如果土耳其人像传言中那样正在筹划另一场沿多瑙河进攻的战役,法国人肯定会在背后提供支持。弗朗索瓦因而发现自己脚踩钢丝。他必须让欧洲相信他完全忠于基督教;同时,他需要一直让苏莱曼苏丹放心,还要让苏丹相信,这种他不得不时常做出的政治宣言是没有实际意义的。他也很清楚,比起苏莱曼对他的需要,他更需要苏莱曼;没有苏莱曼的帮扶,他有多大机会抵抗帝国(帝国从东西两侧包围着他）的巨大力量？他又怎么能实现瓦卢瓦家族统治意大利的古老梦想呢？

～

弗兰吉帕尼的使团成功完成了自己的任务，但那时苏莱曼心中还记挂着其他事。首先，他在匈牙利还有未竟的事业；现在是时候再次发起冲锋了。于是，1526年4月21日星期一，他和大维齐尔易卜拉欣帕夏又率一支大军出伊斯坦布尔的阿德里安堡门，挥师西进。他们对路线很熟悉，他们再次经过索非亚和贝尔格莱德，然后沿多瑙河抵达布达。天气非常恶劣，而苏莱曼一生都在天气方面走霉运。河水暴涨，许多桥梁被冲垮，道路大部分都是深厚的软泥，这些软泥让大炮几乎无法移动。军队还是设法前进了，苏丹总是坚守着他因之出名的铁纪：践踏已播种的土地或冒犯乡镇居民的士兵会被当场处决。当他们到达奥西耶克时，他们不得不在德拉瓦河上建一座桥。这座桥长332米，工程用时5天。当最后一名士兵过桥之后，桥就被摧毁了：撤退不是选项之一。最后，他们到达了莫哈奇平原，此处距德拉瓦河与多瑙河的交汇处大约15英里（约24千米），皇帝的妹夫拉约什国王正在那里等候他们。

拉约什面临的情势的确非常严峻。他的国家严重分裂，许多农民境遇十分悲惨，以至于他们准备将土耳其人视为解放者而欢迎他们。另外，野心勃勃的贵族亚诺什·佐波尧觊觎王位，而其他大部分贵族根本无意巩固拉约什的地位或者哈布斯堡家族的地位。他们对德意志人深恶痛绝，以至于正在这个国家需要它能争取到的一切帮助时，他们却要求驱逐德意志人。拉约什竭力在欧洲其他地方求援，他写信给英格兰的亨利说："如果您的援兵不能立即赶来，我的王国将会毁灭。"不用说，亨利连一根手指也没有动。查理五世同样不愿相助：总之他在西班牙，而且他有很多其他事情要忙。无论如何，这种事情是他弟弟的责任，否则他为什么切分帝国？绝望的拉约什甚至乞求波斯沙阿在东部牵制苏莱曼，但他没有收到答复。他的最后一招是求助于德意志贵族议会，但他们给出任何帮助的前提是，召开大公会议以解决他们的宗教问题。经过了长久的讨论并得到了这样一场会议将在 18 个月内召开的承诺之后，他们同意派出 24000 人，但为时已晚，莫哈奇之战已经开始，而且拉约什战败了。

在莫哈奇之战中，匈牙利一方完美展示了在打仗时不应该怎样做。首先，拉约什的波雅尔们都没有听从拉约什的征召。他要求他们在 7 月 2 日集结，但到了那天没有一个人出现。顺便说一句，拉约什自己也没有出现；他在一两天后到达，此后大军才开始成形。准备好作战的贵族都催促拉约什立刻迎敌，甚至不等亚诺什·佐波尧和克罗地亚伯爵克里斯托夫·弗兰科潘的军队到来。这些部队总共有三四万人，他们再过几天就可以行军至此。因为某些原因，最高指挥权被交给一个天主教修士考洛乔大主教柏尔·杜蒙尼，他有着令人震惊的自负，很可能是因为他对匈牙利骑兵的盲目信任。当轻装的土耳其骑兵快速穿梭且有计划地杀死匈牙利骑兵时，匈牙利马匹和骑手被盔甲包裹得严严实实，以至于几乎无法活动。大主教也忘记了（如果他确实知道）土耳其炮兵部队及其巨大的大炮的威力，这些大炮能发射会爆炸的铁质炮弹。

战斗在下午2时许开始，大约6时结束。战斗期间，雨下了很长时间。双方都作战英勇，总是身处战场险境的苏丹勉强保住了性命。他的很多护卫被杀，只有当他的一小队禁卫军围护着他并砍断攻击者的马腿后，苏丹才逃了出来。大主教异常勇敢。土耳其史家凯末尔帕夏扎德说得再好不过：

> 如同锻铁，他浴战争之火，百炼弥坚。好似蛇象，他在搏斗的利爪和战斗的投石中泰然自若。他满身是伤，但像一只疯狗一样自行恢复。当他像尼罗河一般凶猛地冲向战斗之中时，他发出了令狮虎闻声而逃的象吼一样的叫声。

他的大部分同胞不能也不愿效仿他的榜样，他们纷纷逃跑了。夜幕降临时，拉约什国王离开战场，但他在过河时摔下了马。他身上沉重的盔甲害死了他。与他一同战死的15000名将士大部分是匈牙利贵族。据记载，直到午夜，土耳其军中一直在吹着胜利的号角。第二天上午，苏莱曼端坐在红色大帐内的金色宝座上，接受祝贺，论功行赏；在他面前，2000个头颅堆叠成山，其中包括7位匈牙利主教的头颅。他叫来大维齐尔，亲自在他的头巾上别了一支饰有钻石的苍鹭羽毛，"这支羽毛的影子像幸运之神的翅膀一样遮在他脸上"。

莫哈奇之战使匈牙利在几代人的时间里都不再是一个独立的国家。整个西部欧洲大为震动，但也意识到了西部欧洲的共同失败，这次的情况重复了73年前输掉君士坦丁堡的情况：尽管拉约什国王再三请求，但无人出手援助。这个国家无法复原，它最令人难忘的失败进入了民谣当中。一支古老的匈牙利歌曲讲述了一系列国内灾难，每个灾难讲完后都有一句合唱：Több is veszett Mohácsnál，意为"但是没关系，在莫哈奇战场上失去的更多"。这句歌词后来成了现代匈牙利语中的一句俗语。

~

在莫哈奇之战之前几个月，1526年3月，已经不再记挂英格兰公主的查理皇帝在塞维利亚的阿卡扎城堡迎娶了自己的亲表妹、葡萄牙国王曼努埃尔一世的女儿伊莎贝拉。她得名于外祖母卡斯蒂利亚女王伊莎贝拉。这桩婚事起先完全是政治联姻——查理只是需要一个在他长期外出时替他管理西班牙、卡斯蒂利亚和阿拉贡的皇室成员，而且双方在结婚前也从未见过面。但他们很快变成了一对爱侣。有人亲眼看见，蜜月里"当这对伉俪在一起时，尽管他们周围有很多人，他们却不曾注意到其他人；他们说说笑笑，没有什么能令他们分心"。1527年5月21日，伊莎贝拉生下一子，即未来的腓力二世。她的丈夫用典型的西班牙式庆典——一场斗牛——庆祝了儿子的降生。据说他亲自作为斗牛士上场，亲手杀死了公牛。

伊莎贝拉的另外两个孩子玛利亚和胡安娜也长大成人。伊莎贝拉此后一直留在西班牙，在她与丈夫的 13 年婚姻中，夫妻团聚的时间略多于一半时间。但是尽管皇帝长期不在伊莎贝拉身边，他却爱她如珍宝，而且直至妻子去世似乎都一直忠于她。然而伊莎贝拉去世得太早了。1536 年，这位迷人的皇后在第六次怀孕后去世了，时年 33 岁。她的丈夫肝肠寸断。他从未再婚，而且余生都穿着黑衣。

1525 年 8 月 30 日，亨利八世与法国签订了和约。这实在非其所愿。如果他可以放手去做，他更愿意利用法国国王被俘的机会入侵法国并肆意征伐，但是阻止他的并不只是查理的不感兴趣。资金也是问题。这样一次行动的花费估计是 80 万英镑，议会坚决反对。亨利国王之前在法国的冒险行动没有获得多少好处，议会不打算再次为这样的行动出资。因此，枢机主教沃尔西尝试了另一种方法，他将其称为"友好金"，即一种向神职人员的商品按 1/3 、向平信徒的商品按 1/10—1/6 的比例征收的税赋。结果却一点都不友好。全国各地都出现了愤怒的示威游行，许多地区的人们直接拒绝缴纳。在萨福克的拉文纳姆，一万人计划聚众抗议。据说他们的计划只是因为教堂大钟的钟锤被拿走了而失败，而他们本打算以钟声作为起义开始的信号。

沃尔西地位不稳，而且他知道这一点。因为他的计划没有获得议会授权,他只能放弃这个主意。这是一次屈辱的退让,或许也间接导致了他四年后的倒台,因为这是他第一次明显没法帮助其主人达成意愿。在这样的情况下,为了巩固他的地位,他将汉普顿宫献给了国王。但以我们对亨利的了解,我们可以确信,无论亨利有多么感激,他的法兰西野心遭受的挫折将使他一直隐隐作痛。然而,目前只能接受和平局面;1527年4月,随着弗朗索瓦获释回到巴黎,形势看上去与两年前大不相同,和平被转变为结盟。当沃尔西与弗朗索瓦这年8月在亚眠会面时,盟约正式签署生效。此后不久,英格兰和法国对帝国宣战,但查理有太多其他事要顾及,他几乎没有在意他们。

亨利也有其他要事。他得出结论,他必须离开自己的妻子。他害怕把这个消息告诉凯瑟琳,便尽可能地拖延告诉她的时间,但1527年盛夏的一天,他在凯瑟琳的房间找到她。他告诉凯瑟琳,有人忠告他,他们的婚姻是无效的:过去的18年他们一直生活在罪恶中。《利未记》第20章第21节写得很清楚:"人若娶弟兄之妻,这本是污秽的事,羞辱了他的弟兄,二人必无子女。"[①] 他和凯瑟琳只能立刻分开,同时他请求教皇宣告他们的婚姻无效。当然,他极力保证凯瑟琳会安度余生。凯瑟琳究竟愿意去哪里呢?

凯瑟琳静静地盯着他看了很久,然后大哭起来。但这不是伤心的眼泪,而是愤恨的眼泪:她愤怒于她居然被指责为一个

---

① 亨利不太愿意引用《申命记》第25章第5节:"她丈夫的兄弟当尽弟兄的本分,娶她为妻,与她同房……"

通奸者,愤怒于她的女儿被称为私生女,她还愤怒于亨利给出的荒谬的离婚理由。此时她还不知道安妮·博林的事;她按照字面意义理解亨利的话,但她自己毫无疑问地认为她与他的婚姻是合法的。她与年轻的亚瑟王子的婚姻是无效的,因为他们没有圆房。在嫁给亨利时,她依然是个处女,如果他愿意,他可以亲自证实这一点;她是在英格兰和西班牙最伟大、最有学识的圣职人员面前跟亨利结婚并与他一同加冕,在过去的18年里,没有人提出任何异议。如果他坦诚地待她,告诉她他担心王位继承问题并且他认为他必须再婚以生育一个儿子,即便她的答复不会有什么不同,她至少会谅解。在她看来,她是她的丈夫的合法妻子、英格兰名正言顺的王后,而且直至她去世都会是这样。若问她想去哪里,她打算留在她现在待的地方;如果她必须搬走,那么她会选择去伦敦塔;那时,至少英格兰人民会知道她经受的一切,会为她祈祷。无论如何,宣布婚姻无效是绝对不可能的。就像她写给她的外甥查理皇帝的信中所说的:

> 现任教皇取消前任做出的决定会影响其名誉和良知,并将严重败坏宗座(它应端正地立于基督这个磐石之上)的权威性。在这件事上,如果教皇此时踌躇不决,很多人或许会想,正义与公平不与他同在。

阿拉贡的凯瑟琳是一个刚强的女人。出于她的责任感,她会服从她的丈夫,但她永远不会被制服。

科尼亚克联盟无法将皇帝的拥护者赶出意大利，但是查理却无力为作战如此成功的士兵们支付军饷。结果，大约34000名极其不满的士兵狂暴地洗劫他们能见到的最富有的城市，即罗马。1527年初，波旁公爵麾下的军队向教皇国进军，而波旁公爵在此事上几乎没有选择。尽管波旁公爵背叛了自己的国王，他仍是一个有魅力的人物，因其勇气而广受爱戴。他在阵前从不逃避，而且他总会出现在战斗最激烈的地方；他总是穿着银色和白色外衣，他还有一面饰有 Espérance（"希望"之意）字样的黑白黄三色大旗，人们立刻可以认出他。他没有在沿途的几个重要城镇耽搁时间，而是径直带兵来到罗马，他在贾尼科洛山上整顿军队，随即前往城墙的北段；1527年5月6日早上4点，攻击开始了。

由于没有重型火炮，波旁公爵决定爬过城墙，这比简单地重击城墙至倒塌要困难得多，也危险得多。他自己就成了第一批死难者；当他被火绳枪击中胸部时，他正在往墙上搭梯子。按照本韦努托·切利尼自己的证词，那一枪是他开的。波旁的将士们疯狂地要为他复仇，刚过6点，现在由奥朗日亲王沙隆的菲利伯特指挥的帝国军队冲进了城里。罗马人舍弃了城墙，跑回自家周围设路障，而且教皇军队的很多士兵为了保命而投靠了敌军。只有教皇的个人瑞士卫队继续英勇抗敌，直至他们在圣彼得大教堂的台阶上全部战死。

随着入侵者逼近梵蒂冈，教皇被催促着离开住处，沿着梵蒂冈通道——现在仍连通着梵蒂冈城和圣天使堡——逃跑，而圣天使堡里已经挤满了避难的惊慌百姓。聚集在这里的人实在太多，人们费了很大劲才放下铁闸门。一个枢机主教不得不从窗户钻进来，还有一个枢机主教被人用篮筐拉了上来。在城堡外面，在博尔戈和越台伯河区，尽管帝国军队的指挥官三令五申，饥肠辘辘且未获报酬的士兵开始大肆屠杀。枢机主教乔万尼·马里亚·乔基·德尔蒙特，即未来的教皇尤利乌斯三世，被人抓着头发吊了起来。圣灵医院里的几乎所有病患均遭屠杀，收容所里的孤儿全部被杀。

将近午夜，入侵者渡过台伯河。接着是"有历史记录以来最恐怖的洗劫之一"。大屠杀一直在进行；冒险上街简直与送死无异，而留在室内也安全不了多少：几乎没有一处教堂、宫殿或任何规模的房屋免于劫掠和破坏。男修道院被抢劫，女修道院被亵渎，长相好看的修女被排在街上待售。梵蒂冈宗座图书馆逃过一劫，只是因为菲利伯特将他的指挥部设于此地。至少两个没能逃到圣天使堡的枢机主教在城中被人四处拖拽，并遭严刑拷打；其中一位已年过八旬，他随后因伤过世。一位梵蒂冈目击者称："地狱也无法跟眼下的罗马相比。"

直到5月10日，枢机主教朋佩欧·科隆纳（教皇克雷芒的不共戴天之敌）和他的两个兄弟率8000人而来，一种表面的秩序才恢复了。此时，几乎城里的每一条街道都已被毁，且遍布尸体。一个被俘的西班牙坑道兵后来招认，他和其他士兵在台伯河北岸掩埋了将近1万具尸体，还将另外两千具扔进了河里。6个月后，由于大规模的饥荒和瘟疫（很可能是因为在一年中最炎热的时节,城中有数千具未掩埋的尸体),罗马人口锐减至不及围城前的一半。文化上的损失也难以估量。绘画、雕塑和图书惨遭掠夺蹂躏,教皇的文献被掠走。画家帕尔米贾尼诺身陷囹圄,通过给他的狱卒作画,他才勉强保命。教皇克雷芒仍待在圣天使堡,仍是皇帝拥护者的囚徒。[①]直至此事结束,远在西班牙的皇帝才知道在他名义下发生的这一切。他当然大为惊骇,但他无法再做什么。

沃尔西觉得这正是大好时机。到这时,总是被称为"国王的大事"的那件事已经完全占据了他的想法,就像亨利此时的情形一样。沃尔西知道,当克雷芒是凯瑟琳最钟爱的外甥的阶下囚时,克雷芒不可能——说得委婉些——批准凯瑟琳的婚姻无效;因此,如果说还有可能获取这份批准,那就是在教皇还在圣天使堡时。7月22日,沃尔西乘船前往法国。他的计划可谓野心勃勃。他将在阿维尼翁与一众支持自己的枢机主教会面,趁教皇被囚之际夺取对教会机构的控制权,然后快速通过一份宣布亨利的婚姻无效、批准亨利再婚的正式文件。他甚至起草了一份要由克雷芒签署的委托书,这份委托书将授予他自己"放宽、收紧或变通神法"的绝对权力。然而,克雷芒虽然被监禁,却依然有一定的控制力;他嗅到了危险的气息,于是禁止他的任何枢机主教离开梵蒂冈。沃尔西还没到贡比涅就获

[①] 在克雷芒被囚的半年时间里,他留起了浓密的黑须,以作为哀悼罗马之劫的标志。在这之前,天主教教规要求神职人员不能蓄须,但在克雷芒之后,继任的保罗三世和在其之后的24位教皇——一直到在1700年去世的英诺森十二世——都效仿了克雷芒的例子。

悉了此讯。但当沃尔西发现亨利国王的书记官威廉·奈特正带着一封国王写给教皇的信赶往罗马时，他大为惊恐，先前的不顺已经不值一提。信中寻求的完全就是一份对亨利再婚的特许（即便他与凯瑟琳的婚姻还未被宣布无效），实际上就是对重婚的特许。这个请求非常愚蠢，但对沃尔西来说，这里面还有更凶险的信息：这封信是在他不知情或未经他同意的情况下送出的。看来亨利要亲自处理这件事了。

沃尔西设法截下了这封信。但一两天后，国王又发出了一封信，这封信的提议更过分：如果他的第一次婚姻被宣布无效，亨利国王请求，他可以获准迎娶任何女人为妻，即使她与他有最近的亲缘关系，即使她与他的亲缘关系出自私通，即使她与他已经私通。这份文件在许多方面都值得注意，它强烈地反映了国王娶安妮·博林的意愿，并隐晦地承认了他与她的姐姐的私情。这封信当然没起作用，但它激起了沃尔西更深的恐惧。甚至在最重大的关头，亨利都不再采纳他的建议。当他赶回伦敦，发现国王正与安妮密谈时，他的担忧愈加深重；现在，他第一次不准面君。国王当时坚决拒绝接见他，直到他的情妇点头应允。

经过弗朗索瓦的母亲萨伏依的路易丝与她的弟媳奥地利的玛格丽特（也是皇帝的姑母）在1528年至1529年的冬天的谈判，法国与帝国之间的和约终于缔结。1529年7月5日，她们二人在康布雷会面，并在8月的第一周签订了条约。这份后来被称为"夫人和约"的条约是一份极其冗长和复杂的文件，但它承认了帝国在意大利的统治。弗朗索瓦宣布放弃对米兰、热那亚和那不勒斯的所有权主张，在之前的40年的大部分时间里，他及前任法国国王曾为这些土地竭力苦战。查理终究在得到赎金后释放了弗朗索瓦的两个儿子，① 但他要求的赎金数额达100万达克特，并承诺不再提出对勃艮第、普罗旺斯和朗格多克的所有权主张。对弗朗索瓦和他在科尼亚克联盟的盟友——他们在谈判期间从未被征询过意见而且感到弗朗索瓦背叛了他们——而言，这是一个可悲又可耻的协议。不过，这个和约至少给意大利带来了和平，结束了意大利历史上漫长且不光彩的一章，这一章节带给意大利人的只有毁坏和破坏。

　　帝国军队遭受的苦难几乎不亚于罗马人。他们同样基本没有食物；数月没有领到军饷的士兵士气低落，他们只对抢掠感兴趣。军纪形同虚设，德意志人和西班牙人激烈争吵。然而教皇克雷芒别无选择，只能再次让步。他要支付奥斯提亚、奇维塔韦基亚、皮亚琴察和摩德纳这几座城市，以及40万达克特。为了凑出这笔钱，他只能熔掉所有的教皇三重冕并且变卖三重冕上镶嵌的珠宝。此前，教皇国中首次发展起了一个有效运转的政府，但教皇国现在崩溃了。克雷芒在1527年12月初从圣天使堡逃出。罗马依然不适合居住，于是不幸的教皇化装成一个穷货郎，与几个枢机主教艰难地流亡到奥维多，在那里，他

---

① 他们最终于1530年7月1日回国。

只能住在当地主教透风、残破且寒冷的住处。正是在那里，他接见了亨利国王的使节。其中一位使节记录：

> 教皇住在当地主教的颓败旧宅里。我们穿过三个房间到达了教皇的私人房间，这里一应装饰全无，也没有帷幔，房顶歪斜，30个卑贱之人站在这些房间里。至于教皇的寝室，寝室内的所有衣物还不值20诺布尔……被囚罗马也好过自由地待在这里。

这时出现了一个多少可以弥补教皇收入的机会。克雷芒只需要同意批准英王亨利的婚姻无效，亨利肯定会欢喜地为此慷慨解囊。但教皇仍然犹豫不决。他平时就难以做决定，但做出这个决定更加艰难，因为除了政治考量，他还很害怕皇帝和他可恶的雇佣兵。这些雇佣兵已经洗劫了圣城，如果有机会，他们会很愿意再行洗劫暴行。最后，英格兰使节拟订了一份不太令亨利满意但他们认为是教皇可能接受的极限的草案；枢机主教猛烈抨击了它，"好像每个字下面都藏着一只毒蝎"。进一步让步的终稿在1528年4月13日加盖了印章。使节们警告克雷芒，他们的主人不可能接受这份文件，但教皇答道，即使是这份文件也是一种与皇帝的公开对立，而他定会为此种对立蒙受惩罚。

相形之下，查理处于非常有利的地位，他甚至可以要求举办他的帝位加冕礼。其实加冕礼已经不再像之前几个世纪那样必不可少了，他的祖父马克西米利安完全没有在意这个仪式。

自从在亚琛的首次加冕礼以来，查理已经在位近十年，这段时间里他都没有这种对其权威的最终确认。然而事实是，在教皇为他涂油、给他戴上皇冠之前，严格来说他并不是神圣罗马帝国皇帝；对于一个拥有十分强烈的神圣使命感的人而言，头衔和圣礼都很重要。

帝国加冕礼传统上在罗马举行。然而，1529年8月中旬，查理五世刚到热那亚就收到了警报。苏莱曼苏丹正率领大军直逼维也纳。很明显，在这种情况下继续按原计划南下意大利半岛是非常荒唐的；这趟行程会花费很长时间，也会让他在紧要关头处于危险的隔绝状态。信使火速前去面见克雷芒教皇，克雷芒同意在这样的情况下加冕礼可以在博洛尼亚举行。它是一座属于教皇的城市而且更易抵达。即便这样，事情依然没有最终确定：在查理于9月前往博洛尼亚的路上，他收到了在维也纳的弟弟斐迪南发来的紧急求援书，他当时差点就要取消他的加冕礼计划了。经过深思熟虑，他才决定不这样做。因为这无济于事：等他赶到维也纳，这座城市也许已经沦陷，或者苏丹因为冬天已经撤军了。无论是这两种情形中的哪一种，他带到意大利的小股兵力都起不到什么作用。

于是，1529年11月5日，查理五世正式进入博洛尼亚，教皇克雷芒在圣白托略大殿的台阶上迎接他的到来。在加冕礼举行之前，还有很多事要做，有一些突出的问题要商议和解决。毕竟，罗马被帝国军队劫掠才过去两年，而且当时克雷芒本人实际上是查理在圣天使堡的囚徒；不管怎样，他们必须重建友好关系。只有半岛上重现和平，查理才会安心地跪在教皇面前接受皇冠。加冕日定于1530年2月24日,皇帝和教皇给了他们自己不到4个月的时间来决定意大利的未来。

这段时间足够了。和约签署了。克雷芒的科尼亚克联盟和查理的罗马之劫就算没有被遗忘,但至少不再是心头恨了。在那天,查理先是在圣白托略大殿受膏,接着从教皇手中接过了宝剑、宝球、权杖,最后接受了神圣罗马帝国的皇冠。在仪式过程中出现了一点小波折,联结教堂和宫殿的临时木桥在皇帝的随从经过时倒塌了;但当人们确认了众多伤亡人员中并不包括重要人物后,气氛很快又活跃起来,庆祝活动一直持续到深夜。

这是历史上最后一次教皇给神圣罗马帝国皇帝加冕;在那天,这个延续了700年的传统走向了终结,这个传统始于公元800年,当时教皇利奥三世将皇冠戴在了查理曼头上。帝国绝对没有结束,但是它再也不会——甚至在形式上——通过基督在现世的代表得到认可了。

～

苏莱曼苏丹诸事顺遂。在莫哈奇之战后,他劫掠了布达。他没有占领这座城市,但他破坏了王宫——那里藏有可与在意大利的艺术品媲美的文艺复兴艺术品,搬走了精美藏书,并把马加什一世的收藏运回了伊斯坦布尔。这是土耳其人在拉丁基督教世界中心地带第一次取得重大胜利。现在的问题是谁将统治匈牙利。拉约什国王死后无嗣,对于先前谨慎地没有介入莫哈奇之战的亚诺什·佐波尧来说，让自己置身苏丹的保护之下并说服幸存的匈牙利高级主教斯蒂芬·波德马尼茨基——其他七位高级主教在莫哈奇之战中被杀——为自己加冕，似乎都没有问题。然而，1526年10月22日拉约什的姐夫斐迪南大公接连被选举为波希米亚国王和匈牙利国王，波德马尼茨基开始认定，佐波尧的加冕礼是不明智的：12月17日，他也为斐迪南加冕。结果是现在有了两位匈牙利国王：一位被苏丹承认，另一位被皇帝承认。

除掉斐迪南并让整个匈牙利都置于自己的控制下，可能是苏丹决定在1529年攻打维也纳的另一个原因，但这是苏丹征服东部欧洲的宏伟计划的组成部分，所以他很可能无论如何都会这么做。苏莱曼认为，尽管维也纳非常重要，但它的防守过于薄弱，它很快就会被迫投降。维也纳距离土耳其边境仅仅90英里（约145千米），这场战役有可能不太费力。或许是因为这个原因，苏丹并不着急，他5月才从伊斯坦布尔出发，随后他在匈牙利与亚诺什·佐波尧举行正式会谈，然后攻下了匈牙利的布达（皇帝的军队在一周内就投降了）。结果，大军开赴维也纳时已经是一年中特别晚的时间，并且和以往一样，大军被持续了整个夏天的恶劣天气严重耽搁了。重型炮兵部队经常会连续几天无法移动，车轴深陷在软泥里。数千头骆驼负责拉动这些大炮，但其中很多头放弃了挣扎、力竭而亡；因此，最重且威力最大的大炮根本没有到达前线。军队在9月27日才到达维也纳城外。许多士兵生了重病或者精疲力竭，无法行动，完全不能作战。但没有什么能让苏丹退缩，他支起大帐，准备围城。

　　苏莱曼很快发现，维也纳的防卫工作比他之前预想的牢固得多。在城内，早已意识到危险在即的守军已经召集了多批欧洲雇佣兵来此，包括一支西班牙火枪队和一支德意志长矛兵雇佣军。斐迪南自己并不在维也纳，他更乐意留在林茨，在那里，他可以在必要时争取到更多的帮助，还可以和他的皇帝兄长保持一定的联系。总指挥一职因而被授予了70岁的德意志雇佣兵扎尔姆伯爵尼古拉，他曾在帕维亚之战中因为作战英勇而声名鹊起。他封锁了通往维也纳的四座城门，加固了紧要处的城墙，并建起了一道巨大的内部壁垒。事实上，他正在逼苏丹使出最恶毒的本领。

　　和以往的土耳其围城战一样，土耳其坑道兵即刻开始工作，他们在要塞下挖掘地道网，在战略要点埋下地雷。但是这些地雷刚一埋下，守军就发现并引爆了它们。10月6日，扎尔姆派出了800兵力，他们彻底消灭了坑道兵和地道，但后来他们在突围中遭遇了一场惨烈的攻击；那一晚，土耳其人将500名基督徒的头颅堆积起来，以示庆贺。尽管获得了这些小胜，但对土耳其人来说，事态愈发明晰，如果围城继续下去，这次围城将十分漫长且艰苦。雨还在下，风越刮越冷，生病士兵的病情日益严重，弹药和物资也即将告罄。最后，禁卫军，这支苏丹最依赖的劲旅，开始变得非常急躁。10月中旬，天气突然变得反常，雨水转成了飞雪，天气越发寒冷。苏莱曼召集了所有可用兵力，准备发起最后一次孤注一掷的攻击。这场攻击失败后，他只能带着他的大军回国。

在维也纳,当奥斯曼军队远去后,教堂的钟声响起了,庆贺的礼炮齐鸣。但奥斯曼军队的坏运气还没有结束。这支大军返回博斯普鲁斯的行程漫长且艰难。大部分大炮和许多辎重都遗失或被弃,食物短缺,许多俘虏命丧途中。对于苏丹本人来说,此番征战是一场灾难。这场战役不仅标志着他的西进计划到达了极限,也标志着——尽管他并不知道——大势的逆转和奥斯曼帝国在未来四百年的逐步衰落的开始。

4

"够了，我的孩子！"

'Enough, my son!'

在亨利与凯瑟琳婚后最初几年，这段婚姻很幸福。或许亨利对凯瑟琳并没有那种他对安妮·博林（也许时间短暂）的激情，但亨利同样爱凯瑟琳，并为她自豪，自豪于她的青春美貌，尤其自豪于她卓越的智慧，而且他承认妻子的智慧远胜于自己。她与他形影不离；马上比武时，他称自己是"贞心君"，而且他的袖口上绣有她的名字的首字母。从法国第一次征战归来后，他直奔到她身边，将泰鲁阿讷和图尔奈的钥匙放在她脚下。但到了1527年，情形早已不同：他依然年轻、精力充沛；凯瑟琳比亨利年长5岁，此时开始发福（但没有亨利严重），而且可能有些令人生厌地十分笃信宗教。我们听说过贝茜·布朗特和里士满公爵；我们也听说过安妮的姐姐玛丽·博林，据说她也生了一个儿子，但即便她生下了，这个孩子也从未被承认；安妮刚一登上后位，玛丽就毫无意外地被驱离了宫廷。接着要介绍的就是安妮本人。

在一位威尼斯使臣笔下，"安妮女士并不是世上最英气的女子之一。她中等身材，面色黝黑，修颈阔唇，胸脯不太高，事实上她一无所有，除了国王的痴迷——还有她明丽的黑眸"。她的左手有六根手指，这让许多敬神的人悄悄地在自己身上画十字，以避凶眼。但安妮也拥有足够的智慧，她明白，如果她仅仅是迷恋于亨利，就会重蹈她的姐姐和情妇布朗特的覆辙——变成微贱之人。幸运的是，她还有回旋的余地。现在亨利决心摆脱凯瑟琳一事已是众所周知，他对凯瑟琳生下儿子已经不抱任何希望。① 关于离婚——或者宣布婚姻无效——的消息正在流传。安妮知道，如果她谨慎地打好手中的牌，那么后冠很可能会是她的。她确实打好了这些牌。她使用了一个很快会让她自己后悔的方法，她拒绝了他的所有恳求，且坚决不靠近他的床。

在 1528 年夏天席卷伦敦的汗热病疫情中，她也幸运地活了下来，据法国大使的记录，这种病让神父比医生更忙。安妮大病了好几天；如果她当时死了，那么接下来六个世纪的英格兰历史将会完全不同。亨利没打算去看望她；他已经飞快地避到了赫特福德郡的亨斯顿，他每天望三次弥撒，做日常的告解，并有些不得体地祈求她不要太快返回宫廷。他还给退居在汉普顿宫的沃尔西写信，向他传达医嘱，并请他照顾好自己。

这位枢机主教肯定因为他的主人的关怀而感到安心。在他人生的最后一年，不安和恐惧与日俱增。他的担忧始自 1527 年，当时他从法国回来，发现自己无法进入国王的房间，此后只有获得安妮的准许他才可入内。次年，他意识到国王对他的信任和好感已经大不如前，因而他对自己的处境更加没有把握。不过，他还有一件重要的任务要去执行：与索尔兹伯里主

---

① 她已经尽力了。除了数次流产，有两个男孩和一个女孩是死产儿或是仅仅存活了几小时，还有一个男孩和一个女孩在一两周后夭折。只有玛丽长大成人。

教洛伦佐·坎佩奇奥①共同主持在黑衣修士区的议会厅（曾是多明我会的小修道院）举行的"宗座使节法庭"，这个法庭由教皇使团召集，并按教皇的命令彻底解决婚姻判决无效一事。这个法庭在1529年6月18日开庭，21日亨利和凯瑟琳都出庭做证。②

那必定是个非常有看头的场面。国王端坐在华盖下的宝座上，身着全套枢机主教服饰的两位法官坐在他下方，再往下一点是王后。在他们下面是坎特伯雷大主教威廉·瓦哈姆和坐满所有席位的主教。之前无人见过与此类似的情形：在位的国王与王后在自己的土地上出席由一名外来权威召集的法庭。在早些年，亨利根本没想到会像这样出庭。但如果这是期盼已久的婚姻宣判无效所必需的，那就这样吧。在他看来，没有什么比这个更重要。

凯瑟琳先发言。在这个法庭开庭三天前，她已经简短地出过庭，她抗议说这个法庭对她有敌意、法官们对她有偏见。（他们确实如此，沃尔西多年来是她的敌人。）无论如何，她的案件不是在罗马等待判决吗？如果是这样，那么这个法庭到底是在做什么？这一次，她采用了完全不同的表述：

> 陛下，我恳求您看在我们昔日的情分上，同情和怜悯我，使我得到公正的裁决……

---

① 洛伦佐·坎佩奇奥是米兰人，他在1518年被利奥十世派往英格兰，此后一直留在那里。
② 详见莎士比亚的戏剧《亨利八世》第2幕第4场。

> 上帝和世人都可以做证，我一直是您忠实、谦恭、顺从的妻子，始终服务于您的意志和快乐……我爱您所爱，只因您的缘故，无论我是否有自己的原因，无论他们是我的朋友还是我的敌人。二十多年来，我一直是您忠实的妻子，我为您生育了多个孩子，虽然许多为上帝所悦，离开了这个世界……
>
> 当初我嫁给您时，上帝可以为我做证，我是个真正的处女，未曾被男人染指。我所言是否真实，我想让您问问自己的良心……
>
> 因此，我谦卑地请求您让我免受这个法庭的摧残……如果您不准许，我将向上帝控诉。

接着，在凯瑟琳深深地向国王行了屈膝礼之后，她离开了大厅。一个引座员想要请她回来，但她不予理睬。她已经说了她要说的话。这个法庭是有敌意的，她不会再跟这个法庭打交道。

在凯瑟琳缺席的情况下，罗切斯特主教约翰·费舍尔像一头猛虎一样为她辩护。所有情形都被直接汇报给了罗马。教皇克雷芒意识到他的法庭无法达成什么结果，因而他后悔自己当初授权召开了这个法庭。7月13日，他决定了结此事。但此时黑衣修士区的情况已经乱作一团：沃尔西写道，14天后，这场审讯已经恶化为无意义争吵的泥潭，在当月月底，审讯彻底陷于失败。数周之后，要求撤销这个法庭的教皇指令才到，教皇指令还包括传召亨利到罗马。

亨利当然不打算应召。但一整年过去了，离婚案依然没有丝毫进展，到1532年夏，他越来越焦躁难耐。自从亨利向凯瑟琳挑明自己的打算，现在已经过去了五年；然而此时，她还是那个妻子，还在他的身边。他也极其后悔自己对沃尔西的处置。对沃尔西的最后一击出现在1529年秋，此时距黑衣修士区惨败刚过几周。沃尔西被逮捕、控告、定罪，并被勒令归还国玺。后来，国王将其释放，但任命托马斯·莫尔爵士取代沃尔西担任大法官。① 沃尔西实际上被放逐到了伊舍，因为亨利已经将汉普顿宫另作他用。在伊舍，沃尔西一家没有"床、床单、桌布、茶杯和碗碟"，他还要向他的牧师讨钱，以给用人们支付工钱。此时他又获悉，国王还接管了他在威斯敏斯特的宅邸约克宫，尽管严格来说这不是他的地产，而是约克大主教的地产。他唯一的安慰是，他还是一个大主教；1530年春，他骑马北上（事实上，这是他此生第一次这么做），大概是打算在自己的主教辖区度过被迫退休的日子。可叹的是，他几乎没有什么退休时间。那年秋天，又一张拘票发出了，这次的指控是叛国罪，据说这位枢机主教"在王国内外都……策划了阴谋"，"自以为是地对罗马教廷做出了灾难性行径，损害了国王的荣誉与尊严"。11月4日，他在吃晚餐时被捕。他带着绝望

---

① 莫尔是不情愿地接受这个职位的。他对过去的天主教信仰十分忠诚，但亨利国王正在迅速偏离这个宗教信仰；而且他非常不赞成这次离婚，尽管他谨慎地并未说出这一点。在略多于两年的时间之后，他辞官退隐。亨利曾承诺不会烦扰他，但在他拒绝参加王室婚礼后，他被逮捕、定叛国罪并送进伦敦塔。1535年7月6日，他被斩首。

的心情启程返回伦敦,以面对审讯和很可能会到来的处决。但幸运的是,他没有面对这些难题。还没到莱斯特,他就患病了。11月29日他在当地的大修道院平静地去世,时年57岁。

沃尔西的倒台大致是因为他没有为国王争取到婚姻无效的判决,但也有其他原因。他与安妮·博林的关系不比他与凯瑟琳的关系好多少,而且在安妮与王国的谈话中,她无疑利用了一切机会去抹黑他的品格、质疑他的忠诚、在亨利心中埋下怀疑的种子。沃尔西真的那么在乎国王离婚一事吗?他真的倾其所能地去帮助国王离婚了吗?安妮也不是他唯一的敌人:在她身后是宫廷中的贵族群体。在宫廷中,诺福克公爵和萨福克公爵一直厌恶沃尔西周边浮现的排场和虚礼,厌恶这个伊普斯维奇商贩之子用来践踏这片土地上最高贵之人的傲慢。在发展自己的事业时,沃尔西并未考虑树敌的问题。亨利总是会相信他听到的最不可能之事,而且他的判断力进一步因为他对未婚妻的爱情而受到干扰;他要求别人忠于自己,而他自己则十分缺乏忠诚。

由此看来,沃尔西的失势是必然的。但对于亨利来说,在一切尘埃落定后,他遭受了重大损失。沃尔西才干超群,例如,他总是懂得——没有谁比他更懂得——如何与罗马教廷周旋;亨利一度想要增强他在罗马的支持力量,于是他设法为他的朋友们争取枢机主教的职务,但是没有沃尔西的帮助,他的计划惨淡地失败了。同时,他的代理人在英格兰和欧洲大陆的大学和修道院中搜寻愿意证实他与凯瑟琳的婚姻必须被宣布无效的学者和神学家,无论是希腊还是希伯来研究专家,无论是基督教还是犹太教研究专家。但他们数不尽的证言在罗马毫无作用。相反，他们只不过是激发凯瑟琳的支持者团结起来为她辩护。① 事情似乎确实陷入了僵局。亨利国王已经决定，如果协商完全失败，那么他将自己掌握主动权。

幸运的是，一颗政坛新星正冉冉升起，他正在迅速接手沃尔西的角色。托马斯·克伦威尔是一位帕特尼的铁匠之子，他的出身比沃尔西更加低微。除了他不知怎的接受过一点法学训练并且在入沃尔西门下之前曾在下院待过一段时间，我们对他的早年生活几乎一无所知。早在1530年，他就开始为王室效力，那时他已44岁；三年后，他成了亨利的首席国务大臣。汗热病夺走了他的妻子和两个女儿，因而他没有家庭生活，而据我们所知，他不太有朋友，而且与他风光的前任不同，他没有奢华的排场；因而，他一天有十四五个小时可以为国王的利益服务。他当权只有7年，而沃尔西有15年，但他取得的成就远高于沃尔西。正是他，促成了与罗马教廷的最终分离、王权至上原则的确立、修道院的解散以及其他诸多事宜。他是一

---

① 费舍尔主教为了凯瑟琳至少写了七本书并布道数次。他在1534年被送进伦敦塔，但是在1535年5月，保罗三世任命费舍尔为枢机主教，希望这样能让他获释。结果适得其反：亨利宣称禁止这位枢机主教的主教帽被送到英格兰，并宣称自己会把这顶主教帽的所有者的头颅送到罗马。6月22日，费舍尔在塔丘被处死。

个有天赋的管理者,也是一个杰出的公关人员,是英格兰第一个认识到并利用印刷机——威廉·卡克斯顿在几代人之前已将印刷机引入英格兰——的巨大力量的人。

当1532年亨利决定自己一定要再次与弗朗索瓦会面时,克伦威尔已经位高权重。亨利很清楚,教皇之所以对宣布自己与凯瑟琳婚姻无效一事犹豫不决,是因为教皇害怕凯瑟琳的外甥查理五世皇帝。如果两位国王合力劝说,教皇会不会为了让英国留在天主教会中而搁置这种畏惧呢?这很值得一试。1532年6月,英法两国政府签署了一项秘密同盟条约,照此条约,双方同意亨利在当年10月渡过英吉利海峡。颇有炫耀意味的是,他决定带安妮与他同行,她现在已经是彭布罗克女侯爵。①

但此番访问还有一个原因,这是一个尤其吸引弗朗索瓦的原因:关于查理五世皇帝在德意志新教贵族中有争议的地位问题。1531年1月,查理的弟弟斐迪南被选举为罗马人的国王,因此是帝国的继承者。在在任皇帝在世时举行这样的选举是史无前例的,而且人们认为这是不符合制度的;同时,一名天主教徒的当选给接受了路德宗教义的贵族们敲响了警钟。于是,他们请求弗朗索瓦帮忙。弗朗索瓦国王是查理五世的主要敌人,这一点比国王自己的天主教信仰更加重要。同年2月底,六位新教贵族和十座城市在图林根的施马加登市政厅结盟,以保卫他们的政治和宗教利益。两年前,弗朗索瓦曾在康布雷承

---

① 并不是侯爵夫人。

诺不会插手德意志的事务，但是，回应这些贵族的求助的吸引力是无法抗拒的：他与亨利现在需要商讨，为了尽可能给查理五世制造麻烦，他们应该采取何种策略。

亨利谨慎地没有提及出访的第三个理由。弗朗索瓦令他着迷。这是一种带有些许嫉妒的着迷。他经常回想起13年前的金缕地，当时他第一次被这位君主吸引住；从那之后，他不错过任何一个探听他的情况的机会，他的总体外观、他的衣着、他的风度、他的情妇，以及其他所有自己能搜集到的消息。但是他坚持，这一次会面绝对不能是上一次会面的简单重复；这次一定不会有"宝贵的金线服饰，不会有刺绣品，也不会有其他任何无意义的东西"。这会是一场朋友之间的非正式碰面；他还谦逊地补充说，他自己的随扈将只限于他的个人随侍人员，外加600名重骑兵，当然还有御用床榻。（你尽可以大胆地想象最后这件物品的大小和重量，但是亨利外出时从不会落下它。）双方同意，埃莉诺王后不会出席这次会面；作为查理五世皇帝的姐姐和阿拉贡的凯瑟琳的外甥女，埃莉诺或许会是个尴尬的存在。弗朗索瓦请他的姐姐阿朗松公爵夫人玛格丽特代替她担任女主人，但玛格丽特断然拒绝与"英格兰国王的荡妇"见面。

1532年10月11日周五清晨，亨利和安妮登上皇家海军舰船"燕子"号。幸运的是，海面十分平静，上午10点左右他们到达了加来。不知是不是有意为之，弗朗索瓦让他们等了很长一段时间，他在19日才到达布洛涅。这场安排已久的会面终于在21日早上在法国人称为圣安格勒韦尔的地方举行，而英国人——当时那里是英格兰的领土——尽心尽力地布置了桑丁菲尔德。距这两位国王上次会面已经过去了12年，这12年对他们二人都没有施以恩惠。对美酒与美色的沉迷在弗朗索瓦身上留下了痕迹，但他只有38岁，而且狩猎的爱好使他保持了还不错的身形。亨利虽然只年长3岁，却已经大腹便便，看起来不像是40岁，而像是50岁。不过，这两人都能疾驰穿过一片开阔的草地，到达会见地点。他们在马上互相拥抱，手挽手骑行进入法国领土布洛涅，据说当时有一千杆枪在布洛涅鸣枪欢迎他们。

尽管亨利请求勿尚虚礼，但弗朗索瓦明显下定决心绝不能让第二次会面比第一次逊色很多。再次详述整个过程是单调乏味的：日常弥撒、宴饮、各种体育运动（不过这次没有摔跤和马上比武，因为这两位主角已不再年轻，无法再参与此类项目），以及奢华礼物（它们超出了双方的承担能力）的无尽交换。四天后，盛会移至加来，轮到亨利做东道主。弗朗索瓦在这里第一次见到安妮。虽然她已经戴满了阿拉贡的凯瑟琳的珠宝（不用说，凯瑟琳是非常不情愿地交出了它们的），但弗朗索瓦依然在见面的第一晚送给她一颗巨大的钻石。两人似乎十分投机，他们一起跳舞，在窗边坐着聊了一个多小时。

10月29日星期二，盛会结束。那天，亨利陪着弗朗索瓦骑行了7英里（约11千米），送他回到法国领土。在过去的一周中，两位国王发现开启严肃对话的时机并不成熟，不过他们达成共识，弗朗索瓦将竭尽全力地推动他的朋友的婚姻被宣判无效；他承认他十分赞成亨利娶安妮为妻。两位国王承诺将携手对抗土耳其人，但在随后的几年里，他们都没有对此表现出很大的热情。他们还同意，一定要对教皇和皇帝采取些什么行动，因为他们听说皇帝正打算重返意大利，这对弗朗索瓦来说的确是个不利的消息。最后，尽管他们在心底很可能并不喜欢对方并肯定对对方心存怀疑，但他们向世人，尤其向教皇和皇帝表明，他们是好兄弟。无疑亨利觉得此次会见是成功的。唯一的瑕疵是，当他和安妮正要登船返程时，天色突然阴了下来。在英吉利海峡的暴风雨和浓雾持续了12天之后，他们才得以返回多佛。

克雷芒七世现在对局势严重失去了控制。他似乎无法对任何事做任何决定。[①] 因此，弗朗索瓦和亨利决心正式与教皇接触。他们向教皇派出了两位能力极强的法国枢机主教，带去了立场坚定的信件，亨利的信是关于婚姻判决无效一事的，弗朗索瓦的信是关于意大利的，这些信将两位君主的不满和不悦展露无遗。教皇此时又在博洛尼亚，当两位枢机主教在1月初到达时，他们发现查理五世已经在那里了。查理正在与教皇讨论召开一次大公会议的可能性，他认为这是一劳永逸地解决宗教改革引发的问题的唯一方法。不过，法国枢机主教依然受到了热烈欢迎，并且到月底时他们达成了两项成果：教皇同意会见弗朗索瓦，更重要的是，他同意自己的侄女凯瑟琳·德·美第奇与弗朗索瓦次子奥尔良公爵缔结婚姻。

[①] 1532年3月，法国大使记录，教皇极其担心土耳其人的入侵，因而他在认真地考虑带上所有东西逃往阿维尼翁，让意大利自生自灭。

苏莱曼苏丹为没能攻取维也纳感到深深的耻辱。他决心再次出击，1532年4月25日他再一次带着大维齐尔易卜拉欣帕夏离开伊斯坦布尔，准备在多瑙河沿岸和周边地区发动一场新的战役。他率领大约10万大军，其中包括12000名禁卫军，牵引着大约300门大炮。另外15000人在贝尔格莱德待命，他们是克里米亚鞑靼人，依照他们的可汗格来的命令听候苏莱曼调遣。苏丹似乎认定基督徒军队将由查理亲自率领，之所以这么说，是因为当大军到达塞尔维亚的尼什，并且斐迪南的使者提出如果苏丹承认他们的主人是匈牙利国王，那么他们将奉上10万达克特时，苏丹用如下一番话遣走了使者：

> 西班牙国王一直说他想与土耳其人交手。遵从真主之意，我现在要前去与他交锋。如果他足够坦荡，就让他在战场上等我，让真主的意志实现。如果他不想见我，就让他向我的帝国献上贡品。

8月5日，大军在衮斯城外停了下来，这是距维也纳60英里（约97千米）的一个小规模要塞城镇（今克赛格，刚过匈牙利边境）。苏莱曼不知为何落在了大军之后，大军暂时由易卜拉欣指挥。被围的800名匈牙利守军殊死奋战（他们在25天内共打退了19次主要的进攻）。第六天，大维齐尔要求匈牙利守军的指挥官尼古拉·尤里希奇投降并且每年缴纳2000弗罗林的贡赋。尤里希奇回复，他没有钱；无论如何，他怎么能交出一座不属于自己而是属于其主人斐迪南大公的城池呢？于是双方继续交战，一位时人记录：

> 禁卫军向前冲去，他们已经在城墙上竖起了八面旗帜。当地居民仅靠脆弱的防御工事保护，在城墙后挤作一团，此时他们等着自己最后的时刻；老人、女人和孩童发出了极其凄惨和触动人心的哀号，以至于进攻者惊恐地撤退，甚至还把他们的两面旗帜落在了当地人手中。这次境遇的转变发生得如此突然，让双方都觉得如此不可思议，土耳其人相信他们看到了一个神圣的骑士在向他们挥剑，而基督徒则认为他们看到了安格尔河畔的施泰因的勇猛的庇护者圣马丁。

这未必是真实的描述，但对方指挥官的勇气大大触动了易卜拉欣，几天后，易卜拉欣在保证其安全的条件下邀请他来到土耳其营中。尤里希奇此时已损兵近半、火药用尽，他只能接受土耳其人提出的优厚条件。大维齐尔百般殷勤地招待他，向他和全体守军致敬，并让他——虽然此后是在苏丹的名义下——统治这座城堡。

这是个非常可喜的消息，但衮斯只是个微不足道的小城镇，攻下它却浪费了整整一个月适于作战的好天气。这是苏莱曼在与大军会合后决定不向维也纳行军，转而进军奥地利东南部的施蒂利亚的原因吗？维也纳毕竟一直是他整个远征的目标。但是，如果在衮斯的耽搁确实造成了计划变更，那么他为何没有对大维齐尔浪费这么多宝贵时间流露出丝毫不悦呢？没有任何迹象表明他有过此类反应。据他在尼什所说的话推断，更有可能的情况是，他认定查理和帝国军队已经离得不远了。如果果真如此，他很可能会选用在莫哈奇之战中使用过的得意战术：先与敌军交战，在敌军溃败后再进攻其都城。如果是这样的话，苏莱曼就要大失所望了。查理确实是在去维也纳的路上，但他没有带兵。他肯定无意在一场自己很可能会输的战斗中迎战奥斯曼军队。①

整个9月，苏莱曼洗劫了尽可能多的施蒂利亚城镇；接着，他经由贝尔格莱德在11月18日回到了他的首都。凯旋的庆典持续了五天，但他肯定觉得这些庆祝非常空洞。第二次远征比第一次还要不成功。他甚至没抵达维也纳，更别说进攻该城了。他没有再去尝试。这座他最想据为己有的城市还会留在基督徒手中。

～

也许部分是因为得到了弗朗索瓦的支持，也许只是因为亨利的耐心已经耗尽：无论原因是什么，在亨利和安妮·博林刚回到多佛时，他们就举行了秘密婚礼。几周后安妮怀孕了，

---

① 事实上，查理五世皇帝在9月23日到达维也纳，仅仅停留了10天。这是他第一次也是唯一一次来到这座城市。然后，他前往博洛尼亚与教皇克雷芒会面。

1533年1月25日他们公开举行了第二场婚礼。5月23日，坎特伯雷大主教托马斯·克兰麦在设于邓斯特布尔的圣彼得小修道院的专门法庭上宣布国王与阿拉贡的凯瑟琳的婚姻无效，理由是在她的上一段婚姻中她与亚瑟确实已经圆房。几天后，克兰麦宣布亨利与安妮的婚姻合法。此时，安妮的孕肚已经很明显了。凯瑟琳被正式剥夺了王后头衔；作为亚瑟王子的遗孀，她以后将被称为王太妃。她的女儿玛丽被宣布为私生女，因而被排除在王位继承序列之外。教皇克雷芒对这个消息的反应可想而知。7月11日，他发布了对亨利的婚姻的正式谴责，威胁说如果在9月之前亨利不与凯瑟琳复合，亨利将会被逐出教会。

人们不可能不替可怜的凯瑟琳难过。她对她的母国和后来移居的国家都十分尽责；威尼斯大使卢多维科·法利尔写道："她比此前的任何王后都受当地居民爱戴。"她在1507年被任命为西班牙王国驻英格兰的官方全权大使，因而成了欧洲历史上第一位女性使节。在亨利于1513年出征时，他任命凯瑟琳为摄政，或者说英格兰监国，而且当苏格兰人在9月来犯时，尽管她怀着好几个月的身孕，在她听闻苏格兰军队在弗洛登战败之前，她还是骑马远行至白金汉宫。英军胜利刚过一个月，她生下了一个死产的男孩；如果她平静地待在宫中，后来的英国历史或许会有所不同。

她曾真心地爱她的丈夫，并且余生都忠于他，她总是声称自己是他合法的妻子和英格兰唯一一名正言顺的王后。因此，当沃尔西建议她，后来甚至是恳求她宣布放弃她的婚姻并退隐到女修道院中时，她断然拒绝了。她说她永远不会这样做。她以处女之身嫁给亨利；上帝召唤她过婚姻生活，而非修道院的退隐生活。在她拒绝后，她搬往赫特福德郡的默尔大宅[1]，后来又先后搬到亨廷顿郡的巴克登和剑桥郡的金博尔顿城堡[2]。在金博尔顿城堡，她足不出户，1536年1月7日她在此过世。按照王室命令，她被安葬于彼得伯勒修道院（现在是大教堂）内唱诗班席位旁的走廊。她承受了太多苦难：攻击、耻辱，最严重的是，她的女儿玛丽不在身边——在过去五年里亨利（更有可能是安妮·博林）禁止凯瑟琳与玛丽见面，更不用说她时刻有被送上行刑台的可能。可是她的精神与平和依然坚不可摧。即便是其劲敌克伦威尔也表示了对她的钦佩。"上天错在没把凯瑟琳王后生成一个男儿身。"他对皇帝的使者厄斯塔什·沙皮说："倘若不是她的性别，她会超过历史上的所有英雄。"得知她的死讯后，亨利从头到脚穿上了节庆的黄色服饰，还在帽子上插了一支白色的羽毛，然后用舞会和宴会进行庆祝。这些做法符合他的一贯做派。但在凯瑟琳的葬礼那天，安妮流产了一个儿子。

现在是安妮处于主宰地位，然而，大概没有哪位英格兰王后比她更不受欢迎。5月29日，她的婚姻被宣布合法刚刚一周，她沿河从格林尼治前往伦敦塔，途中有超过三百艘装点着旗帜和横幅的大小船只陪同；31日，她乘轿穿过伦敦城来到威斯敏

---

[1] 这座建筑现在片瓦不留。法国大使认为它比汉普顿宫更为富丽堂皇。
[2] 现在是一所学校。

斯特；在6月1日圣灵降临节，她在威斯敏斯特修道院由大主教托马斯·克兰麦加冕为英格兰王后。① 在这三个场合中，到场群众的人数都远远低于预期；她也几乎没有受到欢呼，而凯瑟琳却会在这种场合收获大声喝彩。三个多月后，她在9月7日产下一女——"很可能是最不受欢迎的王室女儿和英国历史上最著名的女人"，斯卡瑞斯布雷克教授这样写道。三天后，这个女儿受洗并取名为伊丽莎白，以纪念亨利之母约克的伊丽莎白。弗朗索瓦（自然是由代理人代表）和克兰麦做她的教父。② 在亨利生下儿子之前，伊丽莎白是王位的继承人。

对于弗朗索瓦来说，1533年也是难忘的一年，那一年，他的儿子迎娶了教皇的侄女，而教皇克雷芒答应将出席婚礼。10月11日，由60艘船只组成的教皇舰队在马赛抛锚，岸边的炮台鸣炮以示欢迎。次日早上，教皇正式进入这座城市。他的14位枢机主教陪着他，他们都骑着骡子。弗朗索瓦在13日到达。28日，克雷芒七世在献给奥古斯丁的圣弗尔雷奥教堂主持了他的侄女凯瑟琳·德·美第奇与弗朗索瓦之子奥尔良的亨利的婚礼。新娘和新郎都是14岁。婚礼弥撒持续了很久，之后是一场豪华的舞会。午夜，这两个孩子都已经精疲力竭，他们在弗朗索瓦的陪同下被带入婚房。据说弗朗索瓦一直待在

---

① 克兰麦曾在剑桥大学耶稣学院任职。他因为结婚而被迫辞职，但在他的妻子因生产过世后，他恢复了职务，并被授予了圣职。1532年，他作为大使去德意志会见查理。他在那里再婚，但他没有辞去圣职。
② 奇怪的是，亨利本人虽然在宫中却没有参加这次仪式。霍尔的详尽记录中并未提到他。可能他不愿意在众人面前显露出他无法掩饰的失望。

婚房里直至他们圆房,而且后来他说"他们都表现出了马上比武之勇"。第二天清晨,他们还没起床,教皇就前来探视,他送上了祝贺和祝福。人们会认为他们的一切是这么圆满。

这样一场婚礼会被理解为法兰西与教皇结盟的信号,但因为后来没有成文的条约,所以我们不可能确切说出弗朗索瓦与教皇的漫长谈话中到底都讨论了什么。国王肯定再三强调了他一直执着的米兰;克雷芒应该也抛出了由来已久的帕尔马和皮亚琴察问题。关于亨利的问题,我们知道弗朗索瓦请求在亨利被威胁着开除教籍的时间再延缓六个月,但克雷芒只同意延缓一个月。我们也知道,教皇很清楚弗朗索瓦对土耳其人的态度,他后来将这一点告诉了查理。据说弗朗索瓦国王曾宣称:"我不仅不会反对那个土耳其人入侵基督教世界,还会尽我所能地助他一臂之力,这样我就可以收复应属于我和我的孩子而被皇帝夺走的土地。"克雷芒或许也质疑过弗朗索瓦为他挑选离别礼物的品位:那是一只有魔力的独角兽兽角,如果把它放在餐桌上,倘若食物有毒,它就会立刻冒出汗水。

至于亨利,他自己也有些冒汗。他与罗马的决裂让他比以往更加依赖弗朗索瓦。另一方面,弗朗索瓦现在是教皇的亲戚:他在多大程度上值得信任呢?弗朗索瓦深知亨利的疑虑,他充分利用了这一点,1533年,他新派了一位位高权重的使者前往伦敦,这个人即自儿时起就是他的朋友的布里翁领主,海军元帅菲利普·德·夏博。海军元帅带去了一项提议:基本就是让亨利的女儿玛丽嫁给弗朗索瓦的第三子昂古莱姆公爵。玛丽曾经的未婚夫查理五世皇帝最先提出了这个想法,可能是为了安慰她近日被宣布为私生女的遭遇。不过，她仍被教皇认可为亨利的合法继承人，所以查理十分确信弗朗索瓦会急切地抓住这个机会。

的确，如果亨利准备考虑这种可能性，弗朗索瓦定会抓住机会。亨利风风光光地招待了使者，将他安顿在自己在布里奇韦尔的宫殿中。但当夏博提出求婚的提议时，他沉下了脸。他说，海军元帅一定是在开玩笑。只有昂古莱姆公爵和玛丽都宣布放弃对英国王位的继承权，他才会把玛丽许配给昂古莱姆公爵。不然的话，如果（仅仅是如果）弗朗索瓦成功劝说教皇不将他逐出教会，他就打算让他的女儿伊丽莎白嫁给昂古莱姆公爵并且放弃他自己对法国王位的继承权。据说，夏博对这些新的提议丝毫没有兴趣，他"十分扫兴地"回到了法国。[①]

当教皇克雷芒在年底回到罗马时，他已患病，1534 年 9 月 25 日，他去世了。作为教皇，他并不成功。在他与亨利之间似乎无休止的纠葛中，他始终行事节制。他本可以大声地发出谴责，实施革除教籍的惩罚而不是仅仅威胁革除，鼓励忠于他的人起来对抗亨利并给予他们支持；相反，他几乎一直保持沉默，一方面害怕触怒皇帝，一方面又害怕对亨利国王采取过于强硬的措施，他总是希望整个事情会平息下去。1532 年，当时英国与教皇的关系已经不能更差，他本来应该给亨利写信，请他允许一位宗座图书馆员到英格兰，在英格兰教堂和修道院图书馆中寻找宗座图书馆馆藏的缺漏，但他没有这么做。

---

① R. J. Knecht, *Francis I*, p. 235.

这完全符合他的行事风格。但尽管他遭遇了很多不幸（不少是他咎由自取），他始终没有忘记自己是一名美第奇家族的成员，是一名文艺复兴贵族。他是切利尼和拉斐尔的赞助人，而且是他委托米开朗琪罗在西斯廷礼拜堂的东墙上绘制了《最后的审判》和佛罗伦萨圣洛伦佐教堂内美第奇家族陵墓里的作品。将侄女嫁给未来的法国国王不是他为自己的家族赢得的唯一胜利，在他去世的那一年，他还安排佛罗伦萨当时的统治者亚历山德罗·德·美第奇迎娶奥地利的玛格丽特（查理五世的私生女）为妻。① 塞巴斯蒂亚诺·德·皮翁博为他创作过一幅庄严傲岸的肖像画。这幅画留存至今，现藏那不勒斯。

至少克雷芒不必承受其最终失败的耻辱了。他去世后刚过2个月，英格兰议会就通过了《至尊法案》，该法案宣布国王是"英国国教会在尘世的唯一最高首脑"，并永远脱离罗马教廷的控制。此处的介词非常重要：之前是 the Church in England；而此后则称 the Church of England，这个 of 使一切大为不同。亨利甚至宣称自己是摩西一样的人物，他带领其选民摆脱了昔日教皇加诸他们的束缚。这般恣意妄为可谓史无前例，之前从未有哪位欧洲世俗君主对其臣民拥有如此全面的精神权威。将这一事实情况传达给那些臣民是十分困难的。法令下达至全国各地：所有当权者都要宣誓，承认亨利是英国国教会的最高首

---

① 亚历山德罗一般被认为是洛伦佐二世的独子（可能是一名加勒比女仆所生）、"豪华者"洛伦佐的曾孙，但很有可能他是教皇克雷芒的私生子。这段婚姻是不幸的。仅仅一年后，亚历山德罗就被其远房堂弟洛伦奇诺暗杀了。

脑，明确宣布脱离罗马教廷。礼拜仪式中凡出现教皇名字的地方都抹去了教皇之名；在教区教堂，每三个月都要举行专门的布道，解释之前发生的事情，并庆祝会众摆脱了之前的束缚。在这一切的背后，又有无尽的书籍、宣传册、游行和戏剧作为支撑。现在，印刷机第一次在英格兰大显身手。

不用说，教皇克雷芒的死讯让亨利兴高采烈，但对弗朗索瓦来说，这却是个严重打击。他惨淡经营的新协约现在化为了泡影。那场他曾十分引以为豪的宏大婚礼此后也变得门不当户不对了；美第奇家族尽管华贵非常，但从根本上讲却一直被视作市民阶级而且一直会是如此。如果克雷芒教皇之位由其家族的某位成员继承，那么一切就没有问题。但亚历山德罗·法尔内塞在10月13日被选为教皇保罗三世，这意味着法国对罗马教廷的政策需要重新评估。好像法国遇到的麻烦还不够，仅仅五天后，"布告事件"发生了。

～

"有关教皇令人反感的铺张弥撒的真挚控诉。"1534年10月18日周日早上，巴黎的大街小巷突然冒出了许多布告，这些布告的开头都以大号哥特字母写着上述话语。接下来四段话自然是纯神学性质的，我们不需要多加关注；我们只需要知道，这些段落对天主教弥撒发起了巨大冲击，其表述方式使它们的读者大为惊恐。随着谣言四散，狂热的浪潮席卷了这座城市；传言所有的天主教教堂都会被烧毁，所有的天主教信徒会在礼拜场所被屠杀。而当人们得知布告不仅仅出现在巴黎时，恐慌情绪更加严重。奥尔良、图尔、布卢瓦和鲁昂也发现了这样的布告，据说，甚至在昂布瓦斯城堡（当时国王住在那里）的国王寝室的门外也贴有一张布告。

搜捕涉事人员的行动立即开始。被捕者不计其数，许多无辜的不幸之人在火刑柱上被烧死。可叹的是，弗朗索瓦本人似乎失去了理智。接下来发生的事无异于一场异端审判。所有新书都被禁了。可能是为了公开对抗恐怖主义者（他们就是被这样看待的），一场"全民游行"于1月21日在巴黎组织起来：人们从市内的几座教堂中请出了包括圣礼拜堂荆冠在内的最神圣的圣物，带着它们从圣日耳曼奥塞尔教堂游行到巴黎圣母院。巴黎主教主持圣餐礼，国王的三个儿子和旺多姆公爵为他持华盖。紧随其后的是弗朗索瓦，他身着一袭黑衣，没有戴帽子，手擎火烛。一到达大教堂，大弥撒便立刻举行，接着国王和埃莉诺王后在主教宅邸用午餐。然后，国王向一大群人讲话，鼓励臣民们告发所有异端分子，甚至是家人和朋友。这一天以六场火刑告终。

恐怖政策还在持续。人们不禁要想，为什么如此轻微的挑衅会激起这么严重的过激反应？常见的解释是，弗朗索瓦将贴在昂布瓦斯城堡的布告视为对他个人的冒犯。但这一说法难以让人信服。①事实上，他是不得已而为之。这个挑衅确实轻微，

---

① 不到两年前，在1533年1月，卢浮宫的弗朗索瓦房间里发现了三个武装陌生人。弗朗索瓦当时的反应只是要求最高法院加强夜间警备。

但那时看起来却不是这样。布告用激烈和辱骂性的言辞抨击教会、弥撒、神职人员以及国王所有敬畏上帝的天主教臣民。作为最笃信基督教的国王，弗朗索瓦无法坐视不管，甚至不能轻易宽恕这些做法。他或许没有发起迫害活动，它们更有可能是最高法院下令实施的，但他不可能没有批准。

不可否认的是，在布告事件过后，法国与之前再也不同了。1541年到1544年间，六位巴黎书商和印刷商被告发，其中一位被严刑拷问，两位被处以火刑；1542年，索邦神学院开始编纂第一份禁书索引。在此之后，新教被视为一个危险的威胁。法国天主教徒觉得自己被新教包围，宗教战争的阴影开始逐渐笼罩法国大地。

～

当亨利与弗朗索瓦在1532年10月分别并表示他们有意合力对抗土耳其人时，"总有一天"的许诺还萦绕耳畔；这两位国王所言的是一个模糊的意图，而非清晰的规划。这很容易理解：奥斯曼帝国离得太远了而且——至少对亨利而言——没有直接的利害关系。而对查理五世来说，奥斯曼帝国是一个切实的威胁。查理三年前看到过苏丹兵临维也纳城下。他十分有必要密切关注他的土耳其邻居。突然，警钟在1534年鸣响了。

和通常所想的不同，这次新危机不在欧洲东部，而是出现在查理的帝国最南端的角落里，即西西里岛。而且，这次危机与苏丹本人无关，而是由苏丹最危险的臣民巴巴里海盗造成的。随着摩尔人在1492年后被逐出西班牙，流民数量激增，他们生活落魄、居无定所、心怀不满且渴望报仇；其中许多人已经与他们在北非的穆斯林兄弟为伍，过上了海盗生活。丹吉尔与突尼斯之间距离约1200英里（约1931千米），在大部分地区是比较富饶、供水充分的海岸地带，无数几乎无潮的天然港口可供他们使用。于是巴巴里海盗的传奇故事诞生了。

16世纪30年代初，这些海盗的首领人称"巴巴罗萨·海雷丁"。他生于米蒂利尼（位于莱斯博斯岛），他的父亲是一名退休的希腊裔禁卫军，他的母亲曾是一名希腊神职人员的遗孀。（因为禁卫军全是被迫改宗的基督徒，所以海雷丁没有一点土耳其血统。）他从他的兄长乌鲁兹（Oruç）那里继承了领导地位。乌鲁兹曾沿着海岸对基督徒和穆斯林的航运业造成严重破坏，1516年，他用阿尔及尔苏丹自己的头巾勒死了这位苏丹。次年，他从西班牙手中夺取了今阿尔及利亚的许多土地，并献给苏莱曼的父亲塞利姆一世；因此，这整片地区现在是奥斯曼帝国的组成部分。乌鲁兹在1518年西班牙包围特莱姆森时被杀，但在那年年底之前他的弟弟已经承认苏丹为他的宗主；而且，巴巴罗萨·海雷丁在接下来15年内沿海岸的征战令苏莱曼非常关注，于是，苏丹在1533年任命他为奥斯曼海军的卡普丹帕夏，即海军总司令。

因此，1534年初夏，巴巴罗萨率领一支新成立的舰队从金角湾出发，这场重要的新征伐的终极目标是突尼斯。此时突尼斯的统治者是穆莱·哈桑，据说为了争夺王位，他谋杀了自己的44个兄弟，接着用400名长相极好的娈童充盈后宫。巴巴罗萨使出了他的惯用战术，从破坏卡拉布里亚的海岸城市和村镇开始了他的征伐。据说，一天晚上，他悄悄来到丰迪，目的是绑走茱莉娅·迪·贡萨加，她是韦斯帕夏诺·科隆纳的妻子，也是当时著名的美女，他想把她送入苏丹的后宫。① 然而，仅穿一条睡裙的茱莉娅成功骑马逃脱了，与她同行的只有一个骑士。或者是因为这个骑士曾对她表现得过分亲密，或者是因为他或许在途中饱览了她的春色，她后来命人杀死了这个骑士。

攻取突尼斯并不是一场困难的战斗。巴巴罗萨在8月16日到达海港外，随后立刻开始轰炸，却发现穆莱·哈桑已经逃走了。整个冬天，巴巴罗萨一直让他的手下忙碌着，他们加强了海港防卫，并建造了一座足够容纳500多名守军的壮观新要塞。但他本来不必自找麻烦。这一次他太不自量力了，他严重低估了查理五世可能的反应和他发起报复的力量。扫一眼地图你就会发现，西西里岛西端的两个最繁荣的港口特拉帕尼和马尔萨拉距突尼斯海岸不到150英里，距巴勒莫只是略微远一些。无所事事、沉溺享乐的穆莱·哈桑未曾构成任何重大威胁，但现在巴巴罗萨称霸突尼斯，皇帝自己对西西里的控制大受威胁。

一听到这个消息，查理——他铭记外祖母伊莎贝拉的箴言：只有地中海西部变成"西班牙的湖泊"，收复失地运动才

---

① 据说他这么做是受到了易卜拉欣帕夏的怂恿，易卜拉欣希望她能分走苏莱曼对许蕾姆的宠爱。

彻底完成——立刻着手策划大规模远征,以夺回突尼斯。他推断,如果他不果断地立刻出击,那么很可能整个海岸地区会落入土耳其人之手,那将对西西里和西班牙本身构成严重威胁。他召集来的征伐舰队最终由来自西班牙、那不勒斯、西西里、撒丁岛、热那亚和在马耳他的圣约翰骑士团的船只组成。名声显赫的热那亚人安德烈亚·多里亚任舰队指挥,他是一名雇佣军海军司令,有人称他为幸运的水手。仅仅在6年前,他因为与弗朗索瓦国王发生激烈争吵而抛弃了法国人。之后,他转而投靠皇帝,并向皇帝献上了热那亚,查理因此得到了一个重要的海军基地,这将大大便利皇帝在意大利与西班牙之间的频繁往返。查理虽然为痛风困扰,但他还是决定和西班牙分遣队一道出航。这是他第一次真正接触海战。

1535年5月底,帝国舰队从巴塞罗那出发,这支舰队估计有超过400艘船只,载着约27000名士兵。舰队在6月10日到达在撒丁岛的卡利亚里的约定集合地点,在此又有200艘各式船只加入舰队。13日,舰队转而南下,次日停泊在突尼斯外的锚地。面对这样一支舰队,巴巴罗萨只有大约60艘舰船和几千名土耳其人、阿拉伯人和柏柏尔人,他立刻明白自己基本守城无望。因为他不想无谓地牺牲他的舰船,所以他已经未雨绸缪地将15艘精锐舰船沿海岸送到波尼,那里位于去阿尔及尔的中途,这些舰船可以妥善地安置在那里。在非洲的酷暑中,他和手下像以往一样奋勇作战。但7月14日,也就是查理到达一个月之后,保卫着内港的拉古莱塔要塞遭到了圣约翰骑士团的猛攻,一周后,被关在城内的许多基督徒俘虏——

当时的史家说是12000名,但这个数字似乎不可能这么大——奋力争取自由,并向之前的掳掠者发起反攻。① 现在轮到巴巴罗萨逃跑了。他溜出城外,前往波尼,与他同行的有两名指挥官和尽可能多的手下。

此时,查理本应命令他的军队立刻去追击和抓住这名老海盗。如果他这么做,他或许可以永远消灭巴巴罗萨·海雷丁;帝国舰队本应轻易地阻止他从海路逃跑。但是士兵,很可能还有船员,正忙于劫掠,战争规则准许他们劫掠三天三夜。穆莱·哈桑已经同意每年向皇帝缴纳贡赋,后来皇帝正式让他重新统治他的空壳城市,而已经修复和加固了拉古莱塔要塞的西班牙人宣布这座城市是西班牙的领土,并派了一支常驻守军武装这里。获胜的基督徒们一致同意,这次远征是一个巨大的胜利。突尼斯再次由友好势力掌管,西西里获得了安全,成百上千名信奉同一宗教的兄弟重获自由,或许最重要的是,曾经所向披靡的巴巴罗萨被彻底打败了。皇帝也清晰地证明了,正是他,而不是那个与异教徒交好的法国人,是欧洲真正的守护者。现在,他和他的盟友可以志得意满地返回各自的家乡了。

至少他们是这样认为的。几天后,皇帝的确派遣安德烈亚·多里亚率军西行,沿岸搜寻那个逃命的海盗并让他受到惩罚。但为时已晚,而且他不熟悉他要追捕的人。巴巴罗萨没有像他们预想的那样潜回阿尔及尔,他去往波尼只是为了在立即

---

① 拉古莱塔即现在的拉古莱特。骑士们缴获了数门大炮,但他们惊讶地发现这些大炮是法国货,炮管上清楚地刻着莺尾花。

北上巴利阿里群岛前召集更多的船只、囤积物资。这套做法是他的典型风格。随着他的小舰队接近，岛上居民自然地以为这支小舰队属于正返航巴塞罗那的皇帝舰队，当他们看到这些船只上飞扬着帝国旗帜时，他们更加确信这一点。因此，当巴巴罗萨的船只悄悄地驶入梅诺卡岛东南角的马翁港时，它们未受阻挡。一位正在那里抛锚的葡萄牙商人友好地向他们致意行礼；接着，这支小舰队突然开火。这些措手不及的葡萄牙人奋力自卫，但他们的船只被轻而易举地拿下了。仅仅几小时过后，整个海港，其实是整座城市，惨遭洗劫和蹂躏。

~

在从突尼斯返回的途中，查理在西西里的特拉帕尼登陆。之后，他先是前往了巴勒莫，然后沿着海岸到了墨西拿，接着他穿过意大利南部，前去罗马拜会教皇。新当选的教皇保罗三世对皇帝夺取一个重要的北非港口的成就印象深刻，于是他很不明智地派他不成器的儿子皮耶路易吉① 在那不勒斯与皇帝会面。教皇给皮耶路易吉的指示非常清楚。第一，他要在皇帝面前举止得宜，给皇帝留下最好的印象；第二，要尽量弄清楚皇帝接下来的意向；第三，他的父亲强调，当他在帝国宫廷中时，一定要避免与男子发生性行为。这个年轻人当然尽量照做

---

① 虽然保罗在 25 岁成为枢机主教，但他在那之后高兴地生下了四个儿子。

了这三条，但他的任务并不成功。皇帝似乎对他第一印象就不好，他几乎是立刻被打发回了罗马。

查理到达卡拉布里亚的前一天，即1535年11月1日，米兰统治者弗朗切斯科·斯福尔扎去世了，而且他没有男性继承人。对弗朗索瓦国王而言，这既是机遇又是挑战。占有米兰是他即位以来对外政策的基本原则；瓦伦蒂娜·维斯康蒂公爵夫人不是他的曾祖母吗？1526年在马德里，1529年在康布雷，他曾两度不得不宣布放弃对米兰公国拥有的所有权利。但是现在，他丝毫没有犹豫地重申了他的所有权主张，提议将米兰公国授予自己的次子奥尔良公爵亨利。然而对于查理来说，这个提议是不可能接受的。作为米兰的宗主，查理有权任命其统治者，但是在20年后他向自己的儿子承认，米兰"比其他所有地方加起来都让他烦忧"，此时他想要一劳永逸地摆脱这个最棘手的问题。亨利非常有可能继承王位；作为凯瑟琳·德·美第奇的丈夫，他有资格继承乌尔比诺公国；如果他成为米兰公爵，只要再取得那不勒斯，他就会成为意大利的统治者。不过，皇帝同意考虑将米兰授予弗朗索瓦的第三子昂古莱姆公爵。

正当此时，查理在1536年最初几周接到报告，一支法国军队突然入侵萨伏依公国，并且已经攻下了都灵。弗朗索瓦与其舅父卡洛三世公爵不睦已久，他认为卡洛三世一直盯着属于他的母亲路易丝的领地；萨伏依公国与日内瓦大议会之间爆发的一场小规模战争，似乎为弗朗索瓦介入并一劳永逸地解决此事提供了绝佳机会。① 弗朗索瓦的兵力明显占据优势，萨伏依基本没有抵抗；当时的首都尚贝里在2月29日（1536年是闰年）陷落，都灵在一两周后陷落。

就像可以料到的那样，弗朗索瓦声称此次军事进攻是自卫行动，因为他只是努力收回依法属于自己的土地。但这明显是狡辩。他真正在做的，其实是为了在将来自己与查理围绕米兰问题谈判时，为自己找一个交换物，即距米兰不到100英里（约161千米）的都灵。而且，如果这些谈判失败了，他现在拥有了可以借以入侵米兰公国的有利跳板。无论如何，米兰现在又一次处于严峻的威胁之中。查理非常气愤。他一定是一到罗马就和教皇商议此事了。但1536年4月17日，复活节后的星期一，为了强调形势的严峻性，他用西班牙语向教皇发表了一篇关于他与法国的关系的正式演说（他的意大利语在这种场合明显不够用）。他宣称，自己苦心投入多年，希望能与弗朗索瓦国王交好，让他同意与自己共同发兵对抗异教徒，但自己的一切努力皆是徒劳。现在，他公开给弗朗索瓦提供三个选择。第一个是和平，作为交换，他会同意将米兰让给昂古莱姆公爵。第二个是战争，这是一场或许会严重削弱基督教世界的战争，实际上相当于让苏丹恣意进入欧洲西部。第三个选择最令人惊讶：弗朗索瓦国王与查理皇帝一对一决斗，战利品是勃艮第和米兰，在决斗之后，胜者要率领他们的联军攻打君士坦丁堡。教皇会支持他吗？在这番长篇大论中，查理一反常态，

---

① 日内瓦当年5月宣布自己是一个新教共和国。

他看上去情绪过激而且盛气凌人。据记载，教皇终于在某一刻受不了了。他从椅子上站起来，然后把一只手放在皇帝的肩上，低声说："够了，我的孩子！"

没有人认真看待一对一决斗的主意，而且在当前的情形下，和平是不可能的；结果是查理和弗朗索瓦再次开战，这场战争让查理在1536年夏第一次经历重大战败。根据安德烈亚·多里亚的建议，他的计划是在普罗旺斯发动海陆联合行动。他轻松地攻下了埃克斯，并兵至马赛城下。但法兰西大元帅昂·德·蒙莫朗西的焦土战术让他难以应对，马赛固若金汤，而军中爆发的痢疾让他彻底挫败。查理只能下令退回热那亚。11月，他回到西班牙，休养生息。

5

"如同苏丹的兄弟"

'Like a brother to the Sultan'

SVLIMANO IMPERATOR
DE TVRCHI

当查理皇帝在北非海岸与苏莱曼大帝的海军作战时，查理究竟对于苏丹的外交活动有几分了解，尤其是他对于苏丹近日与弗朗索瓦的来往有几分了解，推测这一点是十分有趣的。在过去十年间，令基督教欧洲警觉和憎恶的是，弗朗索瓦国王与苏莱曼苏丹一直保持友好联系。这并不完全令人惊奇：对弗朗索瓦而言，这是一个可以在他与皇帝开战时支持自己的宝贵盟友；对苏莱曼来说，这是一个更加彻底地分裂基督教世界的绝佳机会，至少是获得一个基督教盟友的绝佳机会。为此，苏丹让自己最强大的臣民巴巴罗萨·海雷丁为弗朗索瓦国王效力。巴巴罗萨派人于1533年为法国国王送去了很多还戴着镣铐的法国俘虏——这样他就能享受亲自释放他们的乐趣——和许多珍贵的礼物，包括一头狮子。不久之后，在1534年，一个来自伊斯坦布尔的使团来到法国，他们请求弗朗索瓦绝对不要与皇帝讲和，"因为苏丹打算迫使他归还他在弗朗索瓦国王被囚期间夺走的一切"。"法兰西国王和我们关系友好，与我们和谐一致，"大维齐尔易卜拉欣帕夏宣布说，"他就如同苏丹的兄弟。"

然而到了1535年，需要的不仅是兄弟情谊。弗朗索瓦需要苏莱曼积极帮他对抗查理。2月，他派遣最信任的外交官之一让·德·拉福雷携全面军事行动的详细计划到伊斯坦布尔。拉福雷是圣约翰骑士团的成员，他既能说意大利语，也能说希腊语。他先在突尼斯（此时距皇帝攻打这座城市尚有几周时间）经停，与巴巴罗萨会面并商议这一年的战事。总体方略是，这名海盗将在法国协助下突袭热那亚；同时，法军主力将在意大利发动进攻，苏丹也会在陆上和海上发起对那不勒斯王国（此时它由一名西班牙总督统治）的战役。

当拉福雷到达博斯普鲁斯海峡时，他发现苏莱曼和他的大军还在波斯。但是在1536年初，苏丹和大维齐尔回到了首都，2月18日，易卜拉欣在首都以苏丹的名义签署了奥斯曼帝国与法国的第一份正式协议。巴黎和伊斯坦布尔都没有留存下这份协议的原件，因此协议的细节并不清楚。不过，我们通过其他资料可以获取不少相关内容。或许这份协议最重要的特征在于，它不仅仅缔结了一个军事联盟，还包含了一个商业条约，按照这个条约，奥斯曼苏丹和法国国王的臣民可以自由地在对方的国家进行贸易。在奥斯曼帝国境内的所有法国人只对在伊斯坦布尔的法国大使和在大马士革、亚历山大港的法国领事负责。[①] 这份协议改变了地中海地区的整体平衡：此时的欧洲西部前所未有地亲近东方，且土耳其现在实际上是欧洲的协调势力之一。

[①] 这是允许法国在几个世纪的时间里在黎凡特地区拥有政治和宗教特权的"条约"的起源。

签署该协约是易卜拉欣帕夏一生中最后一项重要举措。3月15日上午，在老拜占庭赛马场西北侧他为自己修建的宏伟宅邸中，人们发现了他的尸体。他明显曾与派来勒杀他的刺客激烈搏斗过，三年后，墙上的血迹依然可见。他的尸体被带到军械库后面的一座托钵僧修道院，他被埋葬时没有任何铭文或纪念碑。① 他遇刺的原因从未得到官方确认，但宫廷圈子对此几乎没有疑问，他们认为这是一直厌恶他的罗克塞拉娜的作为，至少由她授意。易卜拉欣在世时，她从来不能完全掌控她的丈夫。除此之外，她想要让她的女婿鲁斯坦帕夏（她的女儿米赫丽玛赫的丈夫）坐上易卜拉欣的位子。而罗克塞拉娜几乎总能得到她想要的东西。

尽管伊丽莎白出生了，但亨利与安妮的婚姻几乎还未开始就已注定失败。过错基本是在安妮。她无礼、易怒且性情暴躁。没有人喜欢她，到他们结婚时，甚至连国王也不喜欢她了。早在1534年仲夏，国王就开始与安妮的未婚侍女珍·西摩关系亲昵；安妮现在开始感受到那种她曾让阿拉贡的凯瑟琳长久忍受的苦涩嫉妒；安妮的不幸之处在于，她完全缺乏那些令凯瑟琳可以忍耐苦难的精神和属灵财富。结果，她与丈夫一

---

① 人们至今仍记得他的名字，主要是因为他在赛马场的故居仍带有他的名字。那里现在是土耳其和伊斯兰艺术博物馆馆址。

再发生激烈的争吵，虽然她不知道，但其实每一次争吵都相当于在她的棺木上再敲上一枚钉子。

对亨利来说，这种情形很快就变得无法容忍了。到1535年，他与妻子保持着最低限度的交流，在他们越来越少的见面中，他仅仅是向她客套地问候。如果安妮给他生个儿子，亨利很可能会既往不咎，但此后仍旧是再熟悉不过的流产和死胎。尽管亨利和凯瑟琳的婚姻现在已经被宣布无效，但他在心底仍然将自己无法获得男性继承人视为上帝对他与凯瑟琳的婚姻的惩罚。而他和安妮依然没有生出儿子，这强烈表明他还没有得到原谅。但这种反思无法解救他不幸的妻子。如果她生不出他想要的儿子，那他一定要找一个能生下儿子的人。对安妮来说，命运已注定了。凯瑟琳在世时，安妮是安全的；安妮的死会让亨利卷入过多的是非当中。但如今凯瑟琳已不在人世，她的去世决定了安妮的厄运。

1536年4月24日，亨利组建了一个以托马斯·克伦威尔和诺福克公爵为首的委员会，为离婚寻找恰当的理由。这个委员会很快就完成了任务。这次根本就没有曾经纠缠国王与凯瑟琳离婚案的那些困难。不到一周，安妮就被指控与多名宫廷成员私通；一旦这些涉嫌私通者被控叛国罪，国王便会拥有他所需要的所有证据，无论是真还是假。5月2日，他将妻子送去伦敦塔，她不仅被指控私通，还被指控乱伦和行巫术。安妮在伦敦塔受审，陪审团是由贵族组成的，其中包括安妮的舅父托马斯·霍华德和诺森伯兰伯爵之子亨利·珀西（在安妮22岁时，她曾秘密与他订婚)。判决当然是预先决定的结果。一个专门的剑客被从加来请来,因为普通刽子手的斧子被认为太过残忍。1536年5月19日周五上午,英格兰王后在伦敦塔的露天庭院中被斩首。

安妮是否曾与这六个男人(其中包括她的亲兄弟乔治·博林)当中的任何一个或全部犯下私通罪行,我们永远无从得知。私通似乎是不可能的,虽然说什么都要好过她与亨利的性生活。她肯定与宫廷乐师马克·斯米顿和国王如厕侍者亨利·诺里斯爵士调过情,也很可能与枢密院成员弗朗西斯·韦斯顿爵士调过情;完全有可能她与他们当中的一个或几个上床,只是为了得到一个她觉得自己已无法从丈夫那里得到的儿子。但这么做的风险应该是巨大的。还有另一个需要考虑的问题:在都铎宫廷中,王后身边总是有人陪伴。这些秘密会面——如果这些会面确实发生过——怎么可能安排得出来呢?另外值得一提的是,除了斯米顿(克伦威尔以酷刑威胁,斯米顿最终认罪),所有被指控者都断然否认自己有任何不端行为。

阿拉贡的凯瑟琳和安妮·博林皆已去世,那么亨利现在不重返罗马天主教会的怀抱还有什么原因吗?教皇肯定欢迎他浪子回头,允许他拥有那种查理和弗朗索瓦享有的权威。但亨利早已不能回头。他会喜欢那种不受开除教籍威胁的感觉,但新教正在德意志迅速普及,而且亨利更乐意不做出明确选择;另外,他已经着手开展那项在未来五年让他与托马斯·克伦威尔一直忙碌的项目：解散英格兰境内所有类型的修道院并没收其财产。[1]

～

安妮被处决后不到三个月，1536年8月10日，弗朗索瓦一世的长子——18岁的法国王太子弗朗索瓦——在打完一场激烈的老式网球比赛后让人给他拿来一杯冷饮。他的侍从意大利贵族塞巴斯蒂亚诺·蒙泰库科利遵命呈上一杯冰水。王太子喝下了这杯水，但他立刻发了急病，几天后就去世了。人们自然怀疑这里面有什么勾当，蒙泰库科利先是被严刑拷打，后来被极其残忍地处决了。然而这没有阻止法国政府指责皇帝和米兰统治者，但是他们都气愤地否认这些指控，并反过来指控死者的弟弟亨利——现在已经成为王太子——以及亨利的妻子凯瑟琳·德·美第奇。实际上，这位年轻王子的殒命可能完全是出于自然原因。弗朗索瓦曾在被囚西班牙期间染上肺结核，此后一直没有彻底康复。但这件事的结果向人们完美说明了法国与帝国的关系，而双方基本没有试着去改善关系。

---

[1] 从文化角度观之，损失大得惊人，尤其是在藏书方面：在解散修道院时期，约克的奥古斯丁修会修道院所有的646册藏书中，只有3本幸存了下来。另一方面，我们必须承认，宗教建筑（共计将近9000座）数量过多，而且修士挥霍了太多教会财富，有些是为了国家，有些纯粹是为了他们自己。

与此同时，在地中海的口岸、港口和公海上，基督徒与穆斯林的舰队都在繁忙地穿梭着。在伊斯坦布尔，苏莱曼亲自负责一个大型造船项目，据拉福雷的记载，苏丹"每天视察两次军械库和大炮铸造厂，以督促工程的进展"。1536年，当一支土耳其海军小舰队在马赛港过冬时，安德烈亚·多里亚率一支帝国舰队从墨西拿抓走了10个土耳其商人，接着又对帕克索斯岛附近的奥斯曼小舰队发起猛攻。苏丹认定应该为这两次袭击复仇，于是他在1537年5月17日离开伊斯坦布尔，前往阿尔巴尼亚海岸的法罗拉，这是离意大利最近的奥斯曼港口。他带着拉福雷与他同行，这清楚地表明，他将此次行动视为奥斯曼帝国与法国的联合行动。这位大使因为自己看到的景象而大为惊讶，他写道：

> 苏丹刚到他的大帐，我就去了他的帐中。这顶大帐搭得像一座巨大的城堡，装饰着垂幔、刺绣品和重重华丽的金线布料。接着，他引我到了一个高处，他可以在那里向我展示这个国家的大片地区，颇为壮观且不计其数的大帐散布在这些地方。

苏莱曼的策略很简单：与弗朗索瓦一道在意大利形成夹击之势。他会先夺得关键港口布林迪西，然后奋力北上，穿过意大利半岛到达那不勒斯和罗马；同时，弗朗索瓦已经答应会从北方进攻；他的主要目标会是热那亚和米兰。但对苏丹不利的是，国王在最后一刻改变了主意；这倒是弗朗索瓦的一贯做派。弗朗索瓦不顾已经与苏莱曼协商好的计划，他北上前往皮卡第和佛兰德斯，而没有南下。当奥斯曼舰队抵达法罗拉时，法国海军还停泊在马赛港，完全没有准备采取任何行动。苏莱曼的陆军和海军都已经在亚得里亚海，盛怒的苏莱曼不得不决定立刻考虑替代方案。当苏莱曼在苦苦思索时，巴巴罗萨沿着阿普利亚海岸发动了数次闪电袭击，当他像往常一样满载财富和奴隶归来后，他得知他的主人已经决定攻打科孚岛。

科孚岛是爱奥尼亚诸岛中最大的岛屿，自从第四次十字军东征后，三百多年来这里一直是一个威尼斯殖民地。对于苏丹及其大规模军队而言，它看上去是个容易捕获的猎物。苏丹派去了大约25000名士兵和他的所有军火，即大约30门大炮，其中一门是可发射50磅（约22.7千克）重的炮弹的巨型大炮，这是当时世界上最大的大炮。[①] 这支大军包围了这个城镇的主要城堡，然后开始用炮击令其投降。但科孚岛的防守很牢固。这个城镇位于科孚岛东岸中段，它卧于高耸的城堡的后面，这座城堡修建于伸向阿尔巴尼亚海岸的多岩石半岛的高处，它俯瞰着海上和陆上通道。在城堡内是一支由大约2000名意大利人和大致同等人数的科孚人组成的守军，还有当时在港的威尼斯船只的船员。食物和弹药供给十分充足，士气也很高涨。需

---

① 它并未取得重大成功。这门大炮在5天的时间里发射了19枚炮弹，但是其中只有5枚对敌方造成破坏；其余的炮弹直接飞过了这座城镇，落入了海中。

要说明的是，守军不仅面临来自海上的袭击，还面临着经过精细——如果不是匆忙——规划的大规模海陆联合进攻。当地农民和普通市民承受了令人震惊的破坏，但尽管土耳其大炮不断轰炸并几次试图强取这座城堡，它却依然挺立。幸运的是，后来大雨来临了。科孚岛风暴的猛烈程度十分知名，但1537年9月初这几场风暴甚至超过了当地常见的水平。大炮在泥土中无法移动，痢疾和疟疾在土耳其军营中肆虐。仅仅围城3周后，奥斯曼军队就在15日撤军了。守军获得了胜利，但又感到有些难以置信，他们在此庆贺着自己的胜利。

但战争没有结束。巴巴罗萨的舰队还在活跃着，而威尼斯人控制的其他地中海港口和岛屿不像科孚岛一样防守严密。它们一个接一个地陷落了：先是伯罗奔尼撒东海岸的纳夫普利翁和玛尔维萨（今莫奈姆瓦夏），然后是斯基罗斯、埃伊纳、伊奥斯、帕特莫斯和阿斯提巴拉等岛屿。比起威尼斯，所有这些地方都距土耳其本土更近。而威尼斯舰队现在被成群的土耳其船只堵截在亚得里亚海的海峡处。最尊贵的威尼斯共和国的大约25座岛屿遭到破坏，数千名年轻的基督徒被掠为奴隶，威尼斯共和国就此被打败；正是巴巴罗萨·海雷丁让威尼斯共和国蒙此耻辱。难怪当他回到伊斯坦布尔时，人们以前所未有的英雄欢迎仪式迎接他。这个老海盗以40万枚金币、1000个年轻女子和1500个年轻男子作为回敬。他还送给了苏丹一份个人礼物：400名身穿红衣、手捧金银器皿的年轻男子，几大包珍贵的丝绸和装满金币的刺绣钱袋。

科孚岛的胜利已经不再振奋人心；现在每周都有新的战败

或陷落消息传来。苏丹再次准备进攻；基督教君主们尽管有种种计划和期望，但他们似乎无法组建起在现实中存在的同盟，也无法组建起没有被相互的猜忌和琐碎争吵荼毒的同盟。1538年夏，威尼斯、教皇和皇帝进行了一次这种尝试。他们都有着发起十字军战争的热情以及一定程度的盲目乐观，这种乐观让参与者事先制订了瓜分奥斯曼帝国的计划。他们设想的结局是占领君士坦丁堡，而实际结局是在普雷韦扎海域的进一步惨败。此处是伊庇鲁斯海岸的一座土耳其要塞，就在1569年前的亚克兴海战的发生地点对面。就是在这里，直至基督徒一方几近战败，不情愿地返回战场的安德烈亚·多里亚一直在拖延和搪塞。他有大约160艘船，巴巴罗萨有22艘。本来胜利易如反掌，但在最初的几次交战之后，多里亚直接拒绝作战。他不是懦夫，也不是傻瓜，说他背叛或蓄意破坏也肯定不恰当。或许最可能的解释是，他得到了皇帝的秘密指示，而皇帝将巴巴里海盗视为更紧迫的威胁，因而迫切希望保全自己的舰队。无论如何，多里亚都间接地对7艘被击沉的威尼斯加莱桨帆船负有责任。与之相比，土耳其人几乎没有受到任何损失。

现在很明显，无论条款如何，威尼斯都必须与苏丹议和。在威尼斯最近蒙受的损失中，最令威尼斯遭到重创的是失去她在伯罗奔尼撒最后的贸易港口纳夫普利翁和玛尔维萨，威尼斯大使托马索·孔塔里尼被授权提出一笔很高的赎金：起初是15万达克特，如果苏丹特别难缠，就增加到30万。后一笔钱款无论怎么说都是一笔巨款，而且人们认为苏莱曼只可能会乐于接受它，因为他在东方有新的急务，而且人们知道他不反对在西部海域缔结休战协议的想法。可叹的是，苏莱曼的表现并不符合预期。威尼斯发现自己不得不同意一项比她预想的严苛得多的条约。威尼斯提出的那30万达克特作为一般性赔款被强行要走了；收回那两个伯罗奔尼撒港口或者在过去三年间威尼斯失去的任何领地都是不可能的。未来，威尼斯船只在没有获准的情况下也不再能进入或离开土耳其港口。此外还有一些其他小条款，这些条款令威尼斯更加不便和耻辱。但是威尼斯别无选择，她只能接受这些条款，而且她明白这一点。

～

1538年春，查理和弗朗索瓦依然势不两立。3月，弗朗索瓦入侵意大利，在教皇保罗成功筹划停战协议之前，他已推进至皮埃蒙特的里沃利。不过弗朗索瓦并未在此倾注全部心血。实际上，普罗旺斯战役使这两个统治者都身心俱疲，他们眼下都不想继续苦战。但他们在许多问题上仍然存在严重分歧，其中最迫切的分歧仍旧是米兰。查理现在同意将米兰公国授予弗朗索瓦国王最年幼的第三子奥尔良公爵查理，但只有在弗朗索瓦和他一道发起对抗土耳其人的十字军战争之后才行。弗朗索瓦则宣布，他已准备好发起十字军战争，但只有在奥尔良公爵被授予米兰公国之后才行。最后，他们都同意出席1538年5月至6月教皇在尼斯主持的一场会议。

在尼斯时，这两位君主从未碰面，他们都是单独与教皇协商。然而最终他们成功达成了一项十年休战协议，他们在6月

18日签署了这份协议。他们谨慎回避对方的行为看上去有些可笑。但是当他们在皇帝正在返回西班牙的途中于7月在艾格莫尔特会面之后，他们之间的关系大有改善。表面上看，他们是为了讨论抗击土耳其人的十字军战争和如何剿灭新教异端分子。弗朗索瓦并不希望与他的朋友苏丹干戈相向，据记录，他大部分时间都在对永恒的友谊进行冗长和聒噪的展现；而我们可以想象得到，查理更倾向于维持和平。但在此之后的一段时间里，这两个姻亲居然一直保持友好。第二年，在1539年5月1日伊莎贝拉皇后故去后，他们二人的关系更加友好。皇后的离世对查理的打击非常大；尽管他不得不经常不在西班牙，但他一直挚爱自己的妻子，现在他分毫没有掩饰自己的哀伤。

在那年秋天根特爆发叛乱时，可能是为了表示同情，弗朗索瓦邀请查理由陆路从西班牙经法国前往低地国家。查理感激地接受了，他在枫丹白露宫与弗朗索瓦国王共度圣诞节，并且在1540年新年与国王一起进入巴黎。这是查理第一次也是唯一一次造访巴黎。据记录，在皇帝访问法国的两个月时间里，弗朗索瓦极尽友好和周到，但有些人认为，弗朗索瓦当时就想促使刚刚成为鳏夫的查理娶他的女儿玛格丽特，时间有些过早了。至于查理，传言说他甚至提出，一旦苏莱曼被他们的联合十字军战争消灭，他会将拜占庭的帝国皇冠授予弗朗索瓦。

可以想象得到，这一切给安东尼奥·林孔添了大麻烦，这个身材魁梧的西班牙人继拉福雷之后成为驻奥斯曼宫廷的法国大使，他的职责是不惜一切代价取悦苏丹。令人惊奇的是，他居然做到了，他让苏丹相信他的主人签订《康布雷和约》——

通过这份条约，法国与帝国实际上达成了和解——只是为了他的孩子能够获释。1539年9月，苏丹甚至邀请弗朗索瓦到伊斯坦布尔庆祝他的儿子的割礼；不久之后，当查理与弗朗索瓦重返他们常见的敌对状态后，林孔带着国王与苏丹联合攻击皇帝的具体提议返回巴黎。他自豪地记录，在此之前，苏丹接见了他相当长的时间，大约有两个小时，"这是一份他从未授予过任何人的荣耀，无论是基督徒还是与苏丹持同样信仰的人"。

然而，可怜的林孔没能再次见到博斯普鲁斯海峡。1541年初夏，他从巴黎返回伊斯坦布尔，当他与一名随从乘船沿波河而下时，他被瓦斯托侯爵（当时以皇帝名义统治米兰）手下的一群人杀死了。直到9月，真相才查明，当时在威尼斯的法国大使追捕到了一名曾被迫运送杀手并将被害者尸体搬上岸的船工。这次对外交惯例的公然违反引起了激烈的抗议，不仅是在弗朗索瓦、苏莱曼的臣民当中，他们都认为皇帝个人要为此事负责，甚至在帝国领地上也出现了抗议。教皇保罗发表了言辞极其激烈的谴责，苏丹则无情地谈到剌刑。

～

一听到妻子被处决的消息，亨利国王立刻叫来他的小船，径直去找珍·西摩。次日，他们二人订婚了；1536年5月30日，安妮去世刚11天，他在白厅宫迎娶了珍。这位新王后曾经是两位前任王后的侍女，她的受教育程度远不及凯瑟琳，甚至也不及安妮。她很可能粗通读写，但据闻她最擅女红：据说她的绣品被视为奇珍。不过,她最为人称道的是她的性格。后来担任亨利的海军大臣的约翰·拉塞尔爵士说,她是"我所认识的最温柔的女士";就这一点来说,与其前任相比,她一定是一个受欢迎之人。另一方面,不久之后人们就发现,珍·西摩治下的宫廷生活比安妮·博林治下的宫廷生活乏味得多。奢侈享乐和宴饮是安妮在位时期的宫廷生活中常见的,现在取而代之的是历时更短、更简朴的饮食,不久之后,这位新王后正式禁止了安妮引入宫廷的精致法式风尚。很多人肯定在不久后就发现,他们十分怀念那些堕落的旧时光。

不过,在对待她越来越难相处的丈夫方面,珍取得了一项可以引以为豪的成功。这件事是关于她的继女玛丽公主的。玛丽近期的生活简直如同梦魇。过去三年,她从未见过她的父亲。首先,她被认定为私生女,她还忍受着随之而来的各种耻辱;因而,她不得不礼让自己3岁的同父异母的妹妹,甚至不能公开露面,以免人们向她欢呼和喝彩。因为尽管亨利使出了浑身解数,但人们普遍依然心向她的母亲和她。她不停地从一处大宅搬到另一处,但她无法搬到那个她唯一想去的地方,即她母亲的身边。有人会问,为什么亨利如此铁石心肠地拒绝他的前妻和女儿相见的恳求,甚至在凯瑟琳临终之际也仍旧拒绝?有人认为他纯粹是出于惧怕,亨利一直认为她们与皇帝(他是凯瑟琳的外甥,是玛丽的亲表兄)并且通过皇帝与教皇保持着秘密联系,他惧怕这种联系。

可能他的确有这种畏惧,但我们可以断定,安妮·博林造就并且加剧了他的恐惧;毕竟,作为伊丽莎白的母亲,安妮有充分理由确保玛丽与国王保持距离。但安妮和凯瑟琳现在都去世了,情况已经发生了变化。珍是第一个帮助玛丽的人,而且因为她温柔可爱的性格,她最后成功地让这个凄惨的公主重获亲人的关爱。但珍没能如愿恢复玛丽的王位继承权,这将由亨利第六位也是最后一位妻子凯瑟琳·帕尔实现。不过,珍至少使他们重建了相对亲切的父女关系。

珍·西摩是第一个没有给亨利引起麻烦的妻子。与她在一起时,亨利很可能比以往都要幸福,但是严重的动乱正在北方酝酿着。原因有很多:与罗马教廷的决裂、对修道院的早期打击、国王对两位前妻和两个女儿的亏待、王位继承的不安稳以及接连的处决。所有这些在一起发酵,1536年10月,不满终于爆发成了公开的起义。起义从林肯郡开始,但当它蔓延至约克郡后,起义才变得声势浩大,并且逐渐被称为"求恩巡礼"。起义以一个名叫罗伯特·阿斯克的律师为首,他带领大约九千个追随者进入约克并占据了这座城市。在一两周内,起义人数增长到四万左右;正是在此时,诺福克公爵托马斯·霍华德和什鲁斯伯里伯爵乔治·塔尔博特开始与起义者展开谈判。

诺福克公爵以国王的名义承诺大赦,并承诺在一年之内在约克召开议会,而且在议会召开前,暂缓对宗教建筑的处置。事实上,他并没有做出任何此类承诺的权力,但是"巡礼者"的情绪非常激动,如果诺福克公爵没有这么承诺,他和什鲁斯伯里伯爵或许无法活着离开。阿斯克解散了他的追随者(他后来将后悔做出这个决定),来到伦敦与国王会面。亨利周到地招待了他,向他做出了更多承诺,包括将他安全送回约克郡。

但在阿斯克正要启程北上时，战斗又爆发了。这给了亨利改变主意的充分理由。亨利立刻令人逮捕了阿斯克，将他送往伦敦塔。阿斯克在威斯敏斯特被判叛国罪，然后他被送回约克，在克利福德塔（该建筑如今依然屹立）专门搭建的绞刑台上，他戴着镣铐被吊死。这只是国王的复仇的开端。在接下来的两年中，共有216人被处决：有些人被处以吊剖分尸刑，其他人则被斩首或被处以火刑。

在这些处决正处于高潮时，1537年早春的某天，珍·西摩轻声告诉她的丈夫，她怀孕了。她开始喜欢吃鹌鹑肉，于是激动的亨利从佛兰德斯订购了大量鹌鹑。在接下来的夏天，她取消了所有活动，一直由王国内最好的医生和最有经验的产婆照顾。10月12日星期五凌晨两点，在汉普顿宫，她通过剖腹产生下了国王唯一的合法男性子嗣。孩子的父亲并不在场，他赶去了伊舍躲避瘟疫，但这个好消息立刻把他带回了伦敦，他在伦敦安排了接连的庆典和庆祝晚宴。三天后，婴儿接受洗礼，取名爱德华。这一次是他的母亲不在场。在都铎王朝时期，因为非常明显的原因，洗礼一般在婴儿出生后不久就举行，母亲们通常不必参加此项仪式。但还有另一个原因：珍身体欠佳。个中原委我们无从得知，最有可能是因为细菌感染而引起的产褥热。无论原因是什么，珍在24日去世了，距她生下孩子还不到两周。

她的丈夫为她感到哀痛，但并没有伤心欲绝。现在他有儿子了，这才是重要的事。他按照规定服丧三个月，但这短暂的丧期还没结束，他就开始热切地为自己寻找新妻子。他起先看中了16岁的克里斯蒂娜,她是被废黜的丹麦国王克里斯蒂安二世的女儿,也是皇帝的外甥女。①13岁时,她嫁给了米兰公爵,但不到一年她就守了寡。可叹的是,这个女孩无意于这段姻缘,"其谋臣怀疑她的姨外祖母被毒害,国王的第二任妻子被处决,第三任妻子因为产褥热而死"。她当然不想成为第四任妻子。亨利便把注意力转向了法国。他对不少于五位合适的法国公主感兴趣,于是他提议让五位公主齐聚加来,这样他可以从中选择他的妻子。但这么做太过分了。弗朗索瓦冷冰冰地回复,法国没有让贵族女士像卖马一样被他人检验的风俗。他只会同意将其中一位女士送到加来,不能再多了。

引起亨利国王关注的不仅仅是他对婚姻生活的新希望。他也越来越担心其他君主的举动。他已经得知尼斯十年停战协议,也知道查理和弗朗索瓦在艾格莫尔特会了面。这些年,亨利一直十分庆幸,多亏了宗教改革和在北非的战争给皇帝带来的困扰,皇帝一直无暇向他发动天主教十字军战争。若非形势如此,皇帝或许已经这么做了。但这种战争仍有可能发生。在艾格莫尔特,皇帝和弗朗索瓦签订了一份完全无视英格兰国王亨利的条约。而且,一种新的严峻危险正在渐渐逼近,这一危险来自教皇保罗三世。亨利对修道院的持续掠夺、他与路德派教徒的公开谈判和他对圣祠(包括坎特伯雷的圣托马斯·贝克特圣殿)的破坏,让教皇确信亨利已经不配再任国王,他一定要被罢黜。1538年12月17日,教皇签署了一份诏书,这份

---

① 克里斯蒂安国王娶了查理的妹妹伊莎贝拉。

诏书宣布亨利不仅被开除教籍,也被正式废黜,他的臣民不必再听命于他。十天后,教皇秘密派遣英国枢机主教雷吉纳尔德·博勒去召集天主教势力,并劝说他们采取必要的行动。第一步是断绝外交关系、实施贸易禁运,下一步明显就会是对英格兰实行武装入侵。不到一个月后,查理和弗朗索瓦在托莱多缔结了另一项条约,双方承诺在没有对方同意的情况下,不会与亨利达成任何协定。同时,他们筹划着哈布斯堡家族与瓦卢瓦家族之间的更多联姻事宜。

前些年,亨利曾向罗马教廷大使叫嚣,自己一点也不担心被开除教籍,当时他很可能的确是这么想的。然而到1539年初,他处于近乎恐慌的状态。谣言四起:传言敌军入侵近在眼前,而且敌军舰队正在安特卫普和布洛涅集结。英格兰的防卫加强了,不仅是沿着东部和南部海岸,而且沿着苏格兰边境的防卫也加强了,因为苏格兰人也蠢蠢欲动。国王自己也立即行动起来,他检视尖桩栅栏和防御土墙、堡垒和街垒以及碉堡,视察在伦敦和朴次茅斯的舰船,检阅了六个郡的军队。他有理由担忧:如果他担心的入侵真的发生,如果起义像1536年那样同时在本土爆发,他的处境就会真的非常危险。

他被德意志的形势拯救了。在德意志,宗教改革的理念正像野火一样在整个北方蔓延。新教贵族已经控制了萨克森和勃兰登堡,只有不伦瑞克还不退让。尚未介入亨利的事,查理——那个打击苏莱曼的十字军战争的梦想现在正越来越远——就已经焦头烂额了,当枢机主教博勒来到托莱多时,查理十分明确地这么告诉了博勒。博勒对他受到的接待感到很失望，于是他决定不按照预定计划拜访弗朗索瓦，而是回到教皇城卡庞特拉，以等待教皇的下一步指示。事实证明这是一个明智的决定。弗朗索瓦像查理一样不想接待他；他明言自己无意于仅仅为了取悦教皇而破坏与英格兰的关系，也无意于不经皇帝同意而采取任何对抗英格兰国王的行动。5月，令亨利吃惊又释然的是，一位法国大使来到伦敦，他向亨利保证其国王没有任何敌对意图。恐慌结束了。

现在，亨利国王的注意力又转回了婚姻问题。珍·西摩已经去世18个月；亨利现在48岁，他不再年轻，体重飞涨；尚在襁褓中的儿子体弱多病，他急需再添一个儿子。他也迫切地希望与德意志的新教贵族联合。像以往一样，在克伦威尔的鼓舞下，他开始与德意志的克里维斯公爵谈判。据亨利的大使克里斯托弗·蒙特说，公爵的姐姐安妮的"面庞和整个人"是无双的，她的美胜过米兰公爵夫人，就像"金色的太阳胜过银色的月亮"。亨利十分动心，但是当他派汉斯·荷尔拜因到克里维斯去为安妮作画并研究过荷尔拜因带回的肖像画之后，亨利才准备求婚。①

荷尔拜因应该为接下来的事情负责吗？当然不应该。现有两幅他为安妮创作的肖像画存世，一幅现藏卢浮宫，另一幅存于维多利亚和阿尔伯特博物馆。在这两个版本的肖像画中，安妮看上去都很中看，但或许也仅限于中看。尼古拉斯·沃顿

---

① 本来当地画家老卢卡斯·克拉纳赫可能会受托绘制肖像画，但克拉纳赫当时生病了。如下的猜想会很有趣：如果克拉纳赫真的画了一幅肖像画，亨利会如何反应？

是被派往克里维斯的一位使节,他说这幅肖像画"栩栩如生",同时他提醒国王,这位女士大部分时间专工女红,她所受教育极少,也不会唱歌或演奏乐器,因为"在德意志,他们把贵族女士学习或了解音乐看成是应受责难之事和轻浮的情形"。同时,因为眼下已是残冬,这位年轻的公主从家乡杜塞尔多夫经安特卫普前往加来,以便走最短的海路,据说这是"为了保持她的气色"。她在12月27日到达迪尔,接着从那里骑马前往罗切斯特,并于1540年元旦抵达罗切斯特。亨利国王急于见到他的新娘,他有些忐忑地骑马而来。他偷偷看了她一眼,结果大为惊骇。"我感到羞愧,"他宣称,"人们那样赞美她,而我不喜欢她。"他没有把自己带来的新年礼物送给她,当她抵达格林尼治时,他无计可施。婚礼延后了两天,他在这两天里徒劳地想办法取消婚约。最后,亨利没有找到办法,他决心忍受这段婚姻,但他一直没有和"佛兰德斯母马"圆房;他说,一看到他的新婚妻子,他就立刻性欲全无。正如亨利所言,"他让她像他们初遇时一样是一个处女"。①

这段婚姻在7月10日被宣布无效,在当时的情形下,此事没费过多周章。安妮没有制造什么麻烦。她十分配合,而且颇令人惊讶的是,她不顾弟弟的恳求,决定继续留在英格兰。然后,她选择退隐,她可享有里士满宫和赫弗城堡以及每年

---

① 结婚一个月后,安妮向拉特兰伯爵夫人称赞国王。"在他上床睡觉时,"她说,"他会亲吻我,拉着我的手,跟我说'晚安,亲爱的',早上他会亲吻我,跟我说'再会,亲爱的'。""应该远不止这些,"拉特兰伯爵夫人说,"要不然要过很久我们才会有一位约克公爵。"

500英镑的收入。赫弗城堡曾经是博林家族的财产，亨利把这两处富丽堂皇的大宅都授予了安妮。随着时间推移，二人竟然成了好友，安妮总是被称为"国王挚爱的姐妹"。她是亨利的几位妻子中最后一位去世的，也是唯一一位被安葬于威斯敏斯特修道院的。

当弗朗索瓦从艾格莫尔特回到巴黎时，他十分满意地看到对新教徒的迫害正在一如既往地无情继续。这种迫害还经常伴有可怕的酷刑。到现在，数百人已在火刑柱上被烧死，数千人无家可归。1540年6月1日，他颁布了后来被称为《枫丹白露敕令》的法令，这份敕令称新教徒是"对上帝和人类的严重不忠"，理应受到酷刑、剥夺财产、公开侮辱和处死的惩罚。好像这些惩罚还不够，弗朗索瓦的继任者们在位时也相继颁布了几则类似的敕令。同时，恐怖政策依然在持续；通常情况下，如果某个村子的大多数人口是新教徒，那么整个村子就会被毁。

1545年夏，沃克吕兹的梅兰多小镇遭受了其中最残酷的暴行。这次的受害者不是胡格诺派，而是瓦勒度派，这是一个有着古老起源的基督教教派，这个教派至今仍然存在。尽管有不少教义分歧，但瓦勒度派接受了宗教改革。后来，瓦勒度派开始受到巴黎当局的审查，因为这次审查，普罗旺斯最高法院在1541年11月18日发布了所谓的《梅尔多判决》，这实际上是这座城镇的死刑执行令。此后是四年的暂时平静期,在这四年里,这座城镇一再为自己上诉,但这些上诉都失败了;接着,1545年,两千名从意大利战争中归来的士兵来到这座小城。他们没有显示出丝毫的怜悯之心,他们不仅摧毁了这座小城,还摧毁了二十余座邻近的瓦勒度派村庄。数千人被杀,更多的人房屋被毁,数百名青壮年被送去当桨帆船奴隶。此事过后,弗朗索瓦和教皇保罗都公开表示赞赏,教皇甚至给主要负责人让·迈尼耶·德·奥佩德授予奖章,此人恰是普罗旺斯最高法院的主席。

1540年6月10日周三下午3点,此时距离亨利与克里维斯的安妮的婚姻被宣布无效还有一个月,托马斯·克伦威尔遭卫队长逮捕,当时他正和他的大臣们召开议会。诺福克公爵和南安普敦伯爵当即扯掉了他的嘉德勋章,他们说:"叛国贼不能佩戴它。"克伦威尔低声回敬道:"这是我忠心效力的奖赏。"然后,他被人从后门带到了候在河边的一条船上,乘船抵达伦敦塔。

克伦威尔一直有不少劲敌,既有野心勃勃的对手,也有贵族。前者如斯蒂芬·加德纳,后者如遭他排挤的诺福克公爵。所有这些人都想再蒙君恩,但他们知道,只要这个平民暴发户一日掌权,他们就一日不能如愿。克伦威尔的失势和十年前沃尔西的失势非常相像,它们都是由诺福克公爵策划,由加德纳在旁襄助,并且依靠一次失败的婚姻。亨利与克里维斯的安妮的婚姻的失败给了共谋者等待已久的机会,当时克伦威尔最先建议并热烈支持这段婚姻。共谋者争取让国王召见了他们,他们指控他的首席国务大臣不仅对财政破产负有责任,还指控他犯有其他更为严重的罪行,包括叛国罪和异端信仰。他们继续说,克伦威尔支持再洗礼派,[①]保护被指控为异端的新教徒,甚至图谋自己迎娶玛丽公主。剥夺公权法案一直被称为"真假参半的废纸",可能是因为这个法案,克伦威尔没有受审。他直接在塔丘被斩首,然后,他的头颅被钉在伦敦桥上。当时的史家爱德华·霍尔记载,他在断头台上简短地发表了讲话,他抗议说,尽管许多人造谣中伤他,他依然"依传统信仰"赴死。之后,他"坚毅地等待着斧头的劈砍,行刑者是个衣衫不整又残忍的可怜人,他非常残酷地履行了他的职责"。我们很难理解,为什么亨利会被说服处决他最有能力和最忠诚的顾问。不到这年年底,他就会对自己的行为深感后悔。但到那时,损失已经造成,按亨利的主要传记作者的话说,"他永远失去了一位天才,或许是其他任何英格兰君主都不曾拥有过的最富才华的仆从,一位比许多英格兰君主在英格兰历史上留下更深印迹的王室大臣"。[②]

亨利刚爱上安妮·博林的表妹凯瑟琳·霍华德时,他形容凯瑟琳是"一朵不带刺的玫瑰",但这种评价没有持续太久。

---

① 这个基督教教派认为,洗礼应延迟至受洗人可以宣称自己的信仰时再举行。该教派在16世纪受到严重迫害。

② J. J. Scarisbrick, *Henry VIII*.

凯瑟琳在1539年年底被她的伯父诺福克公爵引荐入宫，当时她是个矮小丰满的姑娘，最多19岁。她的家人赞她"纯真质朴"，但这并不是实情：她已经有过至少两段情史，一段是与她的音乐教师亨利·曼诺克斯，另一段是与风度翩翩的年轻廷臣弗兰西斯·迪勒姆。甚至在她与亨利结婚（婚礼是在托马斯·克伦威尔被斩首那天）后，她依然难改轻浮的本性。另一方面，就像亨利周边的所有人都知道的那样，亨利现在已经是个完全不令人满意的爱人。对亨利而言，性生活一直是繁衍子嗣的工具，基本没有什么其他意义：一旦完成这个任务，他对此事就没有更多兴趣了。因此，或许人们不会感到吃惊的是，到1541年夏末，凯瑟琳已经深深地爱上在枢密院供职的托马斯·卡尔佩珀。这段关系被大主教克兰麦发现后，它对他们二人和迪勒姆来说都是致命的。出于某些原因，卡尔佩珀的判决减免为简单的斩刑；迪勒姆则没那么幸运，他被处以吊剖分尸刑。这两场处决都在12月10日在泰伯恩刑场执行。

亨利曾以他一贯的方式喜爱乏味的小凯瑟琳。当他看到她不忠行为的证据时，他的反应让法国大使觉得他被逼疯了。他甚至叫人拿来一把剑，想要亲手杀死她，整个圣诞节他在一座座宫殿和各个房间中悲戚地徘徊。但是，我们很难判断他的这种反应在多大程度是因为亲人即将丧亡，多大程度上是因为嫉妒，又有多大程度上是因为受伤的自尊。凯瑟琳比她的两个情人多活了一段时日。1542年2月13日星期一，她才乘船被带往伦敦塔，她从塔桥下经过时，他们的头颅还在那里，钉在那些再熟悉不过的木桩上。她在塔丘上被一斧子砍去头颅。①厄斯塔什·沙皮在过去的13年间出任皇帝的大使，他比大多数人都了解亨利。他在信中描写，当伦敦塔的炮声告诉亨利他的第五任妻子已经蒙受第二任妻子的命运时，这位已显老态的古怪国王在宫廷舞会中不禁怔住了，泪水迷离了他的双眼。

  凯瑟琳死后，亨利的心情突然转变。这种转变对亨利来说是多么典型。他举办了一场盛大的宴会，当时有26位女士围绕在他身边。大斋节开始不到一周，他用更多的宴会庆祝嘉年华。甚至有传言说，他准备把克里维斯的安妮——他已经与她互赠了昂贵的新年礼物——带回他的床上。但是事情不会是这样的：眼下他已经受够了爱神维纳斯。现在是时候再次迎接战神玛尔斯了。

---

① 许多人相信她的鬼魂现在仍经常出入汉普顿宫里的闹鬼走廊，那里不时可以听到她的尖叫。

6

"令我们的国土不得安宁"

'Noisome to our realm'

苏莱曼大帝的军队于1526年8月29日在莫哈奇横扫匈牙利人，不久后他们洗劫了匈牙利人的首都布达，在此之后，苏丹的封臣亚诺什·佐波尧和查理五世的弟弟斐迪南争论着对这个战败国的统治权。1538年，他们二人达成一项协议。根据这项协议，他们可以和平地统治自己的区域，但是佐波尧（他当时是一个51岁的单身汉）去世后，整个匈牙利将归哈布斯堡家族所有。然而第二年，一个复杂情况出现了：佐波尧娶了波兰国王西吉斯蒙德的女儿伊莎贝拉，而伊莎贝拉很快就为他生下了儿子亚诺什·西吉斯蒙德。这使形势变得很麻烦，而这个骄傲的父亲在两周后去世，因而形势变得更加棘手。斐迪南立刻声称这个婴儿根本不是伊莎贝拉所生，同时他派了一个使团到伊斯坦布尔，坚称匈牙利王国应当立即被移交给他。

现在，苏丹显然不希望幅员辽阔的哈布斯堡领土继续扩大，但他决定先解决这个孩子的身份问题。一名密使被即刻派往伊莎贝拉身边。据记载，他一到那里，

王后就抱过她的婴孩，她在土耳其使者面前把这个孩子表现成一个无人护佑的孩子，除了苏丹的保护，他没有

别的支持；接着，她带着母性的光辉袒露出雪白的胸脯，给婴儿喂奶，这个土耳其人就在一边，他跪下来，亲吻新生儿的双脚，把他的手放在这个受奥斯曼宫廷庇护的小人儿的胸前，然后发誓只有亚诺什国王的儿子会统治匈牙利。

大使的誓言传到斐迪南那里时，他绝对不想听到这样的话；他立刻着手包围布达，于是伊莎贝拉向苏丹寻求帮助。苏丹只有一个选择。斐迪南正在行军路上；伊莎贝拉明显无力对抗狂暴的匈牙利贵族；亚诺什·西吉斯蒙德还是个婴儿。苏丹必须迅速兼并这整个国家。他也的确这样做了。当一支土耳其小舰队沿多瑙河而上时，奥地利对手似乎都散去了，1541年9月2日，苏丹在他的儿子巴耶济德的陪同下正式进入布达。然而，他没有将整个匈牙利置于奥斯曼的直接控制下；在举行了漫长艰难的外交谈判后，这个国家再次被分裂，这一次分为三个部分。包括布达在内的中部和南部省份为苏丹保留并受苏丹的直接统治；被称为"皇家匈牙利"的西北地区仍受哈布斯堡家族控制；至于东部地区，在一份"用金色和蓝色文字"书写的文件中，苏丹凭"先知、他的佩刀和他的先祖"承诺，亚诺什·西吉斯蒙德一成年，这片地区就会交给他。

~

苏莱曼的大军刚进入布达三周，查理五世就起航去往了阿尔及尔。六年前，他夺取突尼斯的行动是一场胜利，这一次，他却在走向灾难。阿尔及尔现在是巴巴里海岸最强大的土耳其海盗基地;查理显然对之前的北非冒险行动意犹未尽,他认定这座城市应该被摧毁。他的海军将领强烈建议他不要在一年中这么晚的时节发兵,查理本应采纳他们的建议。他在10月下旬才靠岸,而天气已变得阴晴不定。许多船只在风暴中失事了,其中一些船上还载着一卷卷皇家档案;倾盆大雨使有组织的登陆无法实现;狂风撕扯着系泊的铁锚,让船只大力碰撞在一起。一两天后,皇帝侥幸逃脱了。他别无选择,只能耻辱地立刻撤军。他抛下了他的马匹和枪支,经巴利阿里群岛回到西班牙。

对于查理来说,幸好此时巴巴罗萨不在邻近地区。巴巴罗萨现在大约60岁,却老当益壮,他当时专心计划着另一场战役,这次的目标是意大利南部。1542年,苏丹正准备向欧洲中部再次发起一次大规模远征,此次他用不上他的舰队,于是便把舰队借给了弗朗索瓦,供他来年夏天使用;因此,这是一次与法国的联合行动。大约120艘舰船在4月驶离伊斯坦布尔,继而蹂躏了意大利和西西里海岸,不过据说在弗朗索瓦国王的坚持下,这些舰船小心地避开了教皇国。(几乎让人难以置信的是,这名老海盗在加埃塔娶了当地总督18岁的女儿,我们听说这个女孩令人惊艳。据说他对她的如火热情加速了他的死亡。)尽兴洗劫几周后,舰队最终到达马赛,并受到了热烈欢迎。23岁的昂吉安伯爵弗朗索瓦·德·波旁接待了身着一袭盛装、佩戴着珠宝的巴巴罗萨,并送给他许多无价之宝,包括一把荣誉银剑。巴巴罗萨代表苏丹送给这位爵爷一小群配有精致马具的阿拉伯马作为回礼。

　　如果确实需要一个例子，那么上述例子深刻说明了法国与土耳其人结谊的重要性，但是这些庆祝活动结束得很糟糕。巴巴罗萨一直希望可以讨论接下来对战查理五世皇帝的计划，但他很快发现，尽管有法国人的承诺和郑重保证，但他们几乎没有做任何认真的准备工作。他们的船只完全不在战争状态，甚至也没有备好军需。突然之间，外交礼节被抛到九霄云外，巴巴罗萨大发雷霆。"他气得满面通红，"一位在场者写道，"用力扯着自己的胡子，愤怒于自己率领如此庞大的舰队千里奔袭，却只能无所事事。"此事被呈报给了弗朗索瓦，国王尽力安抚他，下令立即给他自己的船只和多艘土耳其船只装配物资。但是即使到此时，他们的联合行动计划也有很大分歧。巴巴罗萨希望直接进攻皇帝的西班牙领地，但对于弗朗索瓦而言，这种行动明显是不可能的；整个基督教世界的指责会像雨点一样落到他的头上。弗朗索瓦提议攻打尼斯，当时它由对帝国忠心耿耿的萨伏依公爵统治。这完全不是巴巴罗萨设想的战役，虽然他非常不情愿，但他被迫接受了，这是当前的情形下他能希求的最好选择了。

　　如果这座城市至今仍能记住1543年8月的尼斯之围，那么那是因为尼斯女英雄的勇气。15日清晨，巴巴罗萨的加莱桨帆船发起猛烈轰炸，在主塔楼附近的城墙上炸出了一个缺口。法国人和土耳其人从此处涌入，一个土耳其旗手正要在塔上插上旗帜，一个当地的洗衣女将旗帜从他手中夺走，随后她和几名她叫来帮忙的勇士领导了一场激烈的反击。她的名字叫

◀马里尼亚诺之战中的弗朗索瓦，1515年9月13—14日。

▶贝尔格莱德之围中的苏莱曼，1521年。请注意那一排大炮。

▲帕维亚之战,1525 年 2 月 24 日。画面前景的右侧显示了弗朗索瓦被俘的情景。

▲马德里的阿卡扎的塔楼。1525—1526 年,弗朗索瓦被关押在其中一座塔楼里。

◀"但是没关系,在莫哈奇战场上失去的更多。"莫哈奇之战中的苏莱曼,1526年8月29日。

▼维也纳之围中的苏莱曼,1529年9月27日到10月中旬:天气已经开始变得恶劣。

▲ 1530年2月24日，查理五世在博洛尼亚由教皇克雷芒七世加冕为神圣罗马帝国皇帝。

◀安妮·博林，绘于约1533年。她"无礼、易怒且性情暴躁"。

▶托马斯·克伦威尔，近50岁。荷尔拜因绘于1532—1534年。克伦威尔"或许是其他任何英格兰君主都不曾拥有过的最富才华的仆从"。

◀ 巴巴罗萨·海雷丁，这个巴巴里海盗后来成了奥斯曼海军总司令。

▲ 1535年的突尼斯之战。夺取突尼斯是查理五世的一个重大胜利。

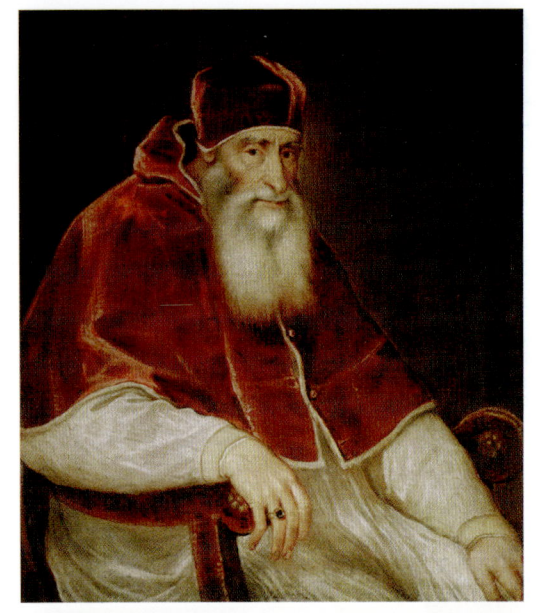

◀亚历山德罗·法尔内塞,教皇保罗三世,反宗教改革的领导者和特伦托大公会议的召集人。这是一幅提香创作的肖像画。

▲弗朗索瓦一世和查理五世在1540年新年进入巴黎的入城仪式。(对于一年中的这个时节来说,天气似乎令人惊奇地温暖。)塔代奥·祖卡罗所作的壁画,出自卡普拉罗拉的法尔内塞别墅。

▲ 1565年的马耳他之围：5月27日，土耳其人进攻圣艾摩堡垒。

▲ 查理五世于1556年10月25日在布鲁塞尔的退位仪式。腓力二世继承王位，查理走出大厅（事实上他是拄着拐杖）。弗兰茨·霍根贝格刻制。

▶苏莱曼大帝:第十任、也是最伟大的苏莱曼苏丹。

◀查理五世皇帝,时年48岁。提香绘于1548年。"没有哪位皇帝比查理五世更兢兢业业,也没有哪位比他对基督教世界更加重要。"

凯瑟琳·塞古兰尼，这个名字已被载入史册。侵略者被打退，三百人阵亡。尼斯暂时保住了，但是尽管有凯瑟琳的英勇，她只是拖延了不可避免的结局。① 仅仅一周后，22日，这座城市的长官正式投降。在投降时，守军授权他，当然也指望着他，收取敌方给出的体面的条款，但在两天之内，尼斯遭到洗劫并被付之一炬。土耳其人不可避免地受到了指责。实际上，这件事几乎肯定是法国的责任。以下是马雷夏尔·德·维埃耶维尔的观点，在1571年去世前不久，他在回忆录中这样表述：

> 尼斯城惨遭劫掠和焚烧，这不是巴巴罗萨和萨拉森人的责任，因为此事发生时他们已经走远了……这一暴行的罪责被推给了可怜的巴巴罗萨，以保全法国的荣誉和名声，以及事实上是基督教自身的荣誉和名声。

包围和攻取尼斯是法土同盟第一次，也是最后一次联合作战。基督徒在异教徒的帮助下攻打基督徒的景象令许多人愕然，但那只是开始。巴巴罗萨现在命令他的整支舰队整修、增加补给，弗朗索瓦不得不邀请他在土伦过冬。这个城镇的许多居民都是听着土耳其人暴虐行径的可怕故事长大的，于是他

---

① 这个故事的另一个版本是，凯瑟琳勇敢地站在侵略大军的前面，袒露自己的下身，据说土耳其步兵的宗教感情因此受到了冲击，他们转身逃走了。1923年，人们在她做出壮举的位置竖立了一块纪念碑，上面用浅浮雕配上了说明。但这段说明写的是第一个版本的故事，不是第二个版本。

们纷纷惊惧地逃离了城镇。然而,令那些留下来的居民吃惊的是,巴巴罗萨制定了如铁军纪,一名法国外交官说,"没有哪一支军队比他们生活得更加艰苦、纪律更加严整"。如以往一样,双方互赠了礼物:法国加莱帆船队指挥维尔吉良·奥尔西尼欣喜地收到了一只精美的象牙黑檀木盒子,这个盒子边缘绘着十一位奥斯曼苏丹的画像。唯一的问题是花费。弗朗索瓦必须每个月向巴巴罗萨提供3万达克特,普罗旺斯和整个周边地区都因此被课以重税。更糟的是,这个老无赖似乎一点都不急着离开,其部属也是一样,他们中的大多数人是第一次来到蓝色海岸地区,他们自然深深地陶醉其间。不过,最后情况已经很明显,他们因为久留而不再受欢迎。1544年4月,巴巴罗萨(在最后一刻洗劫了港口里的五艘法国船只,从而完成了补充补给的行动)返回伊斯坦布尔,接受了人们对英雄的欢迎。他在返回途中扫荡了厄尔巴岛、普罗奇达岛、伊斯基亚岛、利帕里岛和其他爱奥尼亚岛屿,所有这些岛屿都是帝国的领土。两年后,巴巴罗萨去世了。

～

在尼斯之围一个月以前,1543年7月12日,亨利国王在汉普顿宫结了最后一次婚。凯瑟琳·帕尔是他的第六任妻子。她曾两度守寡,所以亨利是她的第三任丈夫。(在亨利死后,她会嫁给第四任丈夫。)她是一位北安普敦郡乡绅的女儿,虽然她无法与阿拉贡的凯瑟琳相比,但她比在她之前的四位王后好得多。她是一个温和的新教徒，为人聪慧且受过良好教育；她牢牢掌控着亨利。比如，得益于她，亨利的三个孩子在他们一生中首次相聚，玛丽和伊丽莎白都恢复了王位继承权。也是在她的敦促下，玛丽和伊丽莎白都翻译了伊拉斯谟的作品。[①]她自己的作品《思想升至神圣冥想的祷词》是第一本由一位英国王后用自己的名字出版的书籍，这样的作品确实也不多。因此，虽然亨利晚年生活在持续受苦的状态中，但在他的最后一段婚姻中，至少他可以像第一段婚姻的早期那样幸福。

与此同时，查理与弗朗索瓦之间时断时续的战争仍在进行。1543年，亨利本来打算派大军入侵法国以介入此事，但这个计划由于苏格兰人给他造成的困难局面而耽搁了。他与查理的新联盟也存在问题：皇帝对与一个被开除教籍的裂教者达成任何联盟的前景感到非常尴尬，而且他绝对不会签署任何一份带有亨利国王完整头衔的文件，因为这些头衔中包括"教会的最高首脑"的称谓。如果教皇决定将战争转变为十字军战争，考虑到亨利已被开除教籍，他也不会出手保护英格兰免遭进攻。亨利指出，查理并不总是对罗马如此毕恭毕敬；所有罗马人仍清楚地记得查理在1527年对这座城市造成的破坏、对教皇的囚禁。事实上，由于弗朗索瓦与苏莱曼的友谊，一场十字军战争完全不可能发生；欧洲现在依然面对着看上去本不可能出现，也不应该出现的形势：一名皇帝与一名裂教国王组成

[①] 伊丽莎白还翻译了纳瓦拉的玛格丽特的作品《有罪灵魂的镜子》(*The Mirror of Glass of the Sinful Soul*)。

的同盟对抗最笃信基督教的国王与信奉异教的土耳其人。

亨利同意以"信仰捍卫者"的头衔代替"教会的最高首脑"后，问题终于被解决了。但现在又有了新麻烦：亨利宣布，他接下来将亲自指挥英格兰对法兰西的征战以及向巴黎的进军。这个决定在英国和帝国都引起了一阵惊慌。亨利国王现在53岁，他身体状态不佳，腿部的溃疡让他承受着持续的疼痛；这场战役的艰辛会让他无法承受。而且，王室甲胄师为了给他臃肿的身躯制作甲胄也会十分费力，而等到他们能做出甲胄，找到能驮得动他的马匹也很困难。即便没有发生更糟的事情，亨利在军中也肯定会降低整个部队的行军速度。只有皇帝敢于把这些告诉国王，但国王对他的话置若罔闻。

幸运的是，随着出发日期渐渐临近，亨利自己开始胆怯起来。现在他提议，两位统治者都不应该亲自上阵，但双方都应该为自己的军队指派最出色的指挥官。然而，皇帝立刻拒绝了此项提议。他说，他比亨利年轻将近10岁，而且除了患有痛风，他的身体比亨利好得多。他不是为了率军攻入法国而急切地从西班牙赶到德意志了吗？既已如此，他怎么可能在最后关头离开呢？这样做会让他十分丢脸，或许甚至会招致懦夫的骂名。他执意要与自己的军队一道出征。

在亨利看来，局面已定：查理决定出征，那么他也会出征。他的甲胄师需要用上他们精湛的技艺，而且一匹合适的马儿一定要找到。但是他能够一路从海岸骑到巴黎吗？当然不可能。但是如果他不能，皇帝也一定不能这么做。他又给皇帝寄了一封信：这么早就直指法国首都，而将军队的两翼都暴露给敌军，这么做真的明智吗？在深入法国中心地带之前，先着力攻击海岸和边境的城镇，这样安排会不会更好？查理再一次断然拒绝。此前计划已经达成一致，查理认为没有必要改变这些计划。这场争论一直持续到6月初，当时英国军队横渡英吉利海峡抵达加来。这支军队由国王和两位老将——萨福克公爵、诺福克公爵——联合指挥。接着，这支军队向东进入法国领土，但仍然没有收到关于最终目的地和到达目的地之后的行动的指令。这种迟疑状态将持续两个多星期。在月底时，诺福克公爵愁闷地与一支规模庞大、不知所措又日渐饥饿的军队坐在法国的某处旷野上，他有些唐突地向枢密院指出，大部分将领在出征海外前会得到关于他们要去往何处的命令。他欠考虑地提出，这种不当表现绝对不会在沃尔西或克伦威尔时代出现。

最终，亨利国王做出了决定。诺福克公爵将包围蒙特勒伊，他自己和萨福克公爵则集中力量攻打布洛涅。查理再次愤慨地抗议道，本来的计划是朝巴黎进军。而亨利毫无道理地反驳说，如果不攻下这两座被围的城镇，他们绝对无法为行进中的大军提供足够的给养。在他看来，没有什么可说的了。他与萨福克公爵一道行军至布洛涅，在8月初准备围城。同时，查理经香槟地区继续进军，直到巴黎面临严重威胁；回到卢浮宫的弗朗索瓦表明他决心与巴黎共存亡。

人们很快明白，诺福克公爵对蒙特勒伊的攻打注定失败。他的诸多努力似乎对这里的防御工事没有产生明显影响。而布洛涅那边战果卓著。亨利乐在其中，他骑马在驻地间穿梭，下达和召回指令；他身边的所有人都在谈论国王的身体和精神有多么大的改善。9月11日,他的人马炸毁了城堡,亨利大喜,18日他耀武扬威地进城。然而,一旦这种兴奋劲儿过去,且他开始权衡战役的成果与战役的巨大损耗,他之前的兴高采烈便一扫而空。他没有攻下巴黎,甚至都没有尝试去攻取;他和皇帝的同盟破裂了。更糟的是,他现在得知查理已经不再向巴黎进军,而且就在英军拿下布洛涅的那天,查理与弗朗索瓦在克雷皮昂莱奥诺瓦①订立了和约。条约中有一条规定,双方同意放弃彼此冲突的所有权主张,并在日后发起抗击土耳其人的联合军事行动。这份和约确实是个晴天霹雳,陷于困境的亨利现在面对着法国全军的压力。更糟的是,法国王太子正带领不少人马前去为蒙特勒伊解围。蒙特勒伊并不需要大力解围。在苦不堪言的诺福克公爵眼里,蒙特勒伊坚不可摧且各种给养充足。反观他的部下,他们心灰意懒、半饥半饱,当他接到国王让他停止围攻并且为了尽量避免与王太子的军队交锋而撤回布洛涅的命令时,他真是喜不自胜。

然而,这种形势没有维持很久。亨利把他的军队留在新夺得的城镇里,然后他于月底返回英格兰,但他还没到伦敦,就接到了更坏的消息。诺福克和萨福克公爵公然违背他的明确命令,率领差不多整支部队撤出布洛涅,并带其返回加来。他们的理由是国王为布洛涅建造新防御工事的计划是不现实的,而且加来需要抵御王太子军队的援助和支持。但亨利丝毫不相信

---

① 在皮卡第。请不要与巴黎以北约40英里(约64千米)处的瓦卢瓦地区克雷皮混淆。

他们。他非常清楚，随着法军逼近，他们二人单纯是害怕丢掉自己的性命，所以逃到英国领土以求活命；他气急败坏地命令他们回到自己的岗位，但这已经不可能了；这支军队现在处于暴动的边缘，而且法国王太子已经包围了加来。

现在英方别无选择，只能尽力与法国人达成协议。10月中旬，谈判在加来开启。但这些谈判完全失败了。亨利坚持，他一定要留下布洛涅，而且弗朗索瓦要放弃他与苏格兰的联盟关系（弗朗索瓦最近重订了法国与苏格兰之前的所有条约）。这两个要求都是法国人无法接受的，11月初，法国人愤愤地回到巴黎。随着冬天临近，亨利给自己赢得了一点喘息时间，但他与弗朗索瓦仍处于战争状态，而且他与查理的关系也好不了多少。他严厉控诉皇帝背信弃义，但查理愤慨地回复，不信守承诺的是英国人。是英国人拒不按照既定方案进军巴黎，而不是他。英国人所谓的蒙特勒伊之围则完全是虚饰：他们只是驻扎在城外，实则什么也没做。从一开始，攻打布洛涅就是他们唯一的目的。如果亨利不曾如此荒谬地坚持亲自参战，那么他（皇帝）也不会这般行事。无论如何，亨利不是曾明确同意查理可以单方面媾和吗？没有，亨利答复，他们在加来的协议是，英格兰与帝国都可以独立谈判，但双方都不可以未经与对方协商而与第三方订立条约。

事态进一步恶化。亨利现在开始谴责查理允许西班牙军队为法国人作战，谴责当宗教裁判所虐待在西班牙的无辜英国商人时，查理坐视不管。查理——他曾因围攻圣迪济耶而被严重拖延，当地法国守军英勇坚守了41天——还击说，英国人曾袭击帝国船只和货物,七百名西班牙火绳枪兵曾被引诱到苏格兰边界(此处正在进行另一场战争),而且亨利一直在与德意志路德派秘密谈判。到1545年仲夏,这两位统治者之间的关系再度濒临崩溃。同时,法国人正在逼近;法国船只正在封锁布洛涅,一场法国入侵又一次成为严重威胁。资金也是问题。1544年的战争的花费几乎是预估的三倍。过去三年间,亨利一直高度依赖他所谓的"恩税"(出自基本并无善心的捐赠者的强制借款或假意施予)和售卖前修道院的土地。同时,货币被严重贬值,方法是用比例越来越高的贱金属重铸钱币;亨利甚至设想出了"借用"教会捐款盘的方案,当时对亨利有很大影响力的赫特福德伯爵非常支持这个方案。赫特福德伯爵向他的国王保证:"服侍上帝,不在于珠宝、捐款盘或金银教堂装饰品,因此不会有丝毫削弱,而且那些东西被用来造福与保卫国家会更合适。"

亨利或许是不顾一切地想得到钱,但正如他内心深知的那样,这都是他自己的过错。他一心恋战却战果寥寥,在他生命的最后五年,军费开支超过200万英镑;现在,全都是因为他,英格兰处于比1539年还要严重的危险之中,而且这种局面可能会延续数代人的时间。他还毫无必要地得罪了同时代最重要的几位君主,而且他现在确信,其中一位君主会侵略他的国家。他的想法是对的。1545年7月19日周日晚上,一支由200多艘船只组成的法国舰队进入索伦特海峡;那晚刚巧在"亨利蒙主荣耀"号(更广为人知的名字是"伟大的哈利"号)

上用餐的亨利赶紧上岸，同时英国舰队出兵迎敌。① 新近备下的一连串烽火点燃了，以警示全国各地，次日，法军登陆怀特岛。仅仅24小时后，他们出人意料地再次上船，不久后又登陆锡福德。但这次登陆只是暂时的，法军在比奇角附近与英国舰队简短交锋，随后起航回国了。

这场冲突突然结束；然而危险在于，这些短暂的袭击或许只是试探性的，是为某个更野心勃勃的计划铺路。亨利肯定非常恐惧，8月10日他命令教会机构在全国上下举办宗教游行以及为了胜利公开祈祷。② 事实上，未来不会再有入侵，不过情势依然严峻。当时已是温彻斯特主教的斯蒂芬·加德纳写道：

> 我们与法兰西和苏格兰两线作战，我们与罗马教廷为敌；我们与皇帝没有牢固的友谊，我们收到了新教领袖的严重不满，以至于他有理由认为我们与他不和……我们的战争正令我们的国土不得安宁，令所有在英吉利海峡和爱尔兰海穿梭的我国商人不得安宁……在我们生活的世界中，理性与智识地位低下，盟约几乎形同虚设。

他说的皆是实情。到1545年年底，英格兰前所未有地逼近崩溃。

---

① 英国旗舰"玛丽·罗斯"号正是在这场战斗中突然倾覆并沉没。沉船残骸在1971年被找到，现在陈列在朴次茅斯博物馆。
② 斯卡瑞斯布雷克教授评注，他们祈祷能侥幸活下来或许会更合适。

但查理皇帝也有他忧虑的问题；其中最重要的一个就来自苏莱曼苏丹，苏莱曼在匈牙利的行动越来越危及他的帝国。早在1544年，在施派尔帝国议会上，为了换取慷慨的资金支持，查理曾保证亲自领导一场对抗土耳其人的战役，但随后在法国的战斗使这个计划没能实施。因而，他的弟弟斐迪南只好试着与土耳其人谈判一份休战协议，以争取一点时间。但这让查理的匈牙利臣民十分气愤，他们谴责他出尔反尔，谴责他本来已经承诺开战，现在却同意达成可鄙的和平协议。查理现在已经确信，尽管有弗朗索瓦在克雷皮的承诺，国王却根本无意发兵对抗苏莱曼。整个欧洲都知道弗朗索瓦和苏莱曼的关系极其友好。于是，查理和斐迪南委托弗朗索瓦去重新协商一份匈牙利人更愿意接受的休战协议。查理、斐迪南和弗朗索瓦都向伊斯坦布尔派遣了特使。神圣罗马帝国的代表是格哈德·威尔特维克，他是一个已改宗的犹太人，也是一位杰出的犹太学者；法国的代表是经验丰富的外交家让·德·蒙吕克。

问题在于，查理与弗朗索瓦给各自的大使下达的指示要点是不同的。因此从一开始，混乱状况就一直存在。蒙吕克接到的指示是要向苏丹解释，皇帝是在弗朗索瓦的坚持下而以恳求者的身份而来；另一方面，威尔特维克接到的指示是，声明皇帝是因为弗朗索瓦而相信土耳其人渴望和平，而且皇帝保证这次出使一定会成功。换句话说，如果协商失败，那就是法国人的过错。诸事已经不顺至此，但还有更多的坎坷。威尔特维克现在发现，还有一位大使已经在伊斯坦布尔，即由斐迪南大公派来的塞科博士。他立刻给塞科写信，让塞科在他到达前暂缓一切谈判事宜，但他的信被土耳其人拦截了。土耳其人推断查理与他的弟弟肯定观点有分歧；他们的推断是正确的。几乎不可思议的是，那里还有一位法国代表，这位名叫加布里埃尔·德·阿拉蒙的代表非常反感蒙吕克的到来，并成功截下了所有后续下达给蒙吕克的指令。

所有这些本都会酿成灾祸。苏莱曼仍旧没有原谅弗朗索瓦在克雷皮的背叛行径，在遭到背叛后，苏莱曼差点就把倒霉的法国大使钉死。但他忙着筹备出征波斯，且无意于同时在两线作战。他欣然同意有条件的暂时休战，而休战的具体时长会在日后约定。接着，威尔特维克和蒙吕克返回各自的宫廷，德·阿拉蒙独自启程回国。1545年夏天，威尔特维克和德·阿拉蒙回到伊斯坦布尔，大概蒙吕克已经受够了其他大使的阴谋。德·阿拉蒙此次带来大批扈从和给苏丹的珍贵礼物来到伊斯坦布尔，其中一份礼物是一只带喷泉的大钟，这只在里昂制造的钟注水后可以走12小时。[1] 他的目标是劝服苏丹即刻发兵攻打皇帝的匈牙利领土，但苏丹按兵不动。苏丹十分感激地接受了大钟，但拒绝发起任何进攻。6月13日，他与威尔特维克达成了一份为期五年的休战协议，根据这份协议，查理和斐

---

[1] 皮埃尔·贝隆是德·阿拉蒙的一位随行人员，他详细记录了此行，特别提到土耳其人不懂得享受美食。他们只上了黄瓜和生冷蔬菜，而且没有油和醋；主菜一般是大杂烩。他抱怨："他们永远做不出美味佳肴。"

迪南完全承认奥斯曼匈牙利,并且保证为哈布斯堡家族在匈牙利北部和西部的领地每年要缴纳 3 万金弗罗林贡赋。相应地,苏莱曼保证他的边境会维持和平。然后苏丹给弗朗索瓦写了一封诚恳的信以解释情况,他在信中承诺他们二人在过去的"友谊与忠诚"将会延续。

协议最终于 1545 年 11 月在阿德里安堡(今埃迪尔内)签订,两年后,一份全面和平条约取代了这份协议。查理终于可以放手去处理德意志的问题了。然而,他遭到了欧洲各地的强烈批评。在所有敬畏上帝的天主教徒看来,苏莱曼苏丹是敌基督,是《启示录》中的兽;平等地对待他,甚至可以说礼敬有加地对待他,是一种无法被原谅的罪。最笃信基督教的国王弗朗索瓦与异教徒结盟,这已经够恶劣了;现在皇帝自己也这么做,而且他还保证每年向苏莱曼支付一大笔钱,以换取哈布斯堡家族控制的一小部分匈牙利土地(这笔钱暗示着承认土耳其对整个国家的主权,而且土耳其人毫不犹豫地把这笔钱款称为贡赋),这就更加恶劣了。如果说这不是一种背叛,一种对基督教世界和对耶稣基督本人的背叛,那还能是什么?现在,爱国心切的匈牙利人每提到皇帝都要啐一口。他们本来指望着他能帮他们恢复旧国,但是这个最近的举措证明他无法再被信任,而且他有着严重缺陷。

至于德意志新教徒,他们对苏丹恨之入骨,但无论他们承认与否,他们都欠苏丹一大笔债。正如蒙彼利埃主教向弗朗索瓦指出的那样,如果没有土耳其人,宗教改革或许会遭遇与阿尔比派①同样的命运。事实上，查理需要德意志新教徒帮他抗衡奥斯曼对欧洲中部施加的压力；因此，他别无选择，只能在1532年签订《纽伦堡和约》。因为该条约，最终出现了在1555年签订的《奥格斯堡和约》，它正式承认了新教在德意志的存在。土耳其人完全清楚这一切。比起天主教徒，他们一直更喜欢新教徒，因为新教徒反对偶像崇拜；而且，土耳其人很可能默默地感激新教徒，就像新教徒也感激他们那样。

尽管查理在某种程度上与新教徒达成了和解，教皇却不让步。亚历山德罗·法尔内塞在"豪华者"洛伦佐的宫中长大，他是文艺复兴之子：虽然他在25岁成为枢机主教，但他在此后高高兴兴地生育了4个孩子。成为教皇保罗三世后，他的任人唯亲同样寡廉鲜耻，他分别将两个年仅16岁和14岁的孙子提拔到罗马教廷枢机团中。他在1536年恢复了嘉年华；罗马城中回响着斗牛、赛马和焰火表演的欢呼声，梵蒂冈回响着舞会和宴饮的音乐声。然而他是一个道德感很强的人，也是罗马天主教教会中最有成效的改革者之一，这使他成了16世纪最有意思的教皇之一。

教皇保罗越考虑如何控制汹涌的浪潮，就越确信召开大公

---

① 阿尔比派，或者说纯洁派，是在法国西南部的一个中世纪基督教教派。这个教派被路易八世领导的十字军战争和宗教裁判所残酷消灭了。

会议是当务之急，而且他同意让一个坚定的路德派代表团参加这次会议。这必然在各方都激起了反对。枢机主教将任何改革都视为对自己的优裕生活的威胁；皇帝担心这场会议会对教义采取严格立场，因而会使他与他的新教臣民的和解化为泡影，因此他更希望会议能搁置所有神学问题，仅限于讨论改革的尺度；路德派要求召开不受约束的全体基督徒大会，坚决拒绝参加任何在意大利召开或由教皇主持的会议。

查理本人一直不太重视教义，因此他会欣然接受罗马提议或达成的任何和解；他想要的只是团结。至于法兰西国王，他乐得看到皇帝被宗教问题缠身，丝毫不想让这些问题得到解决。但教皇保罗坚持不懈，同时他召集了一个特殊委员会；这个委员会要汇报教会的所有不足之处，并提出改正这些不足的措施。委员们及时地提交了他们的报告。他们没有留情面。委员们罗列了当前的各种弊病，并明确地把这些弊病都归咎于教皇；弊病包括销售赎罪券、教会圣俸、不做教务的有俸牧师、主教职权的累积以及无数其他问题。他们指明，这些问题的最终结果是宗教改革，并不足为怪的是，如果教会能让自己秩序井然，宗教改革就不会发生。惊恐的教廷此前被故意排除在这个委员会之外，它尽力把这份报告藏了起来。但一份副本泄露了出去，不久后，一份德文译本就在兴奋的路德派教堂中传播开来。

最终，改革即将来临，而且是重大改革。教皇保罗不遗余力地支持这次改革。他热情地迎接年轻的斐理伯·内利的到来，他的主要任务是整顿罗马下层社会乌烟瘴气的酒馆和妓院；一两年后，保罗同样热情地接待了年长一些的依纳爵·罗耀拉。罗耀拉是巴斯克人，他从西班牙带来了6位与他志趣相投的同伴，他们都是耶稣会的成员。1540年，教皇发布了正式认可耶稣会的教皇诏书。耶稣会士没有修会的专属服饰，没有固定的总部，也没有合唱的祈祷文，他们仅靠两样东西联系在一起：严格的纪律与无条件的服从。他们将走过一段坎坷的历史，但他们是反宗教改革的先锋。

1545年12月13日，拖延许久的大公会议终于在特伦托召开。皇帝推荐了这座城市，因为它稳妥地位于帝国领地上。这次大公会议开始时并不顺利，第一场会议只有1位枢机主教、4位大主教和31位主教出席。但大公会议的势头逐渐变大，并且在接下来18年中一直断断续续地进行，先在特伦托，而后在博洛尼亚。意大利人在大公会议中呈压倒之势；甚至在与会人数最多时（超过270位主教），德意志人也不多于13位。但这次大公会议的重要之处在于，它顶住所有反对压力真的召开了，而且它表明自己准备好公然反抗皇帝，勇敢地辩论积尘已久的古老教义问题：因信称义、圣餐变体论、炼狱和其他诸多问题。

但它只能算是部分取得成功。特伦托大公会议最终结束时，新教徒将这次会议视为一场罗马木偶戏（他们的这种想法可以理解），他们自然依然不满；甚至天主教徒也认为改革不够全面和彻底，达不到很多人期望的效果。例如，关于最有必要的教皇制度改革，特伦托大公会议只字未提。主要由于皇帝和法兰西国王之间未缓和的敌意，大公会议只能时断时续地举行,并且法国代表团经常缺席。它从未成为整个西方基督教世界期盼和祈祷已久的普世团结的大公会议;它只是反宗教改革的忏悔大会,它出现的目的是让欧洲大陆重新信奉天主教(必要时采用武力)。它造就的结果非常明显:法国的不少于8场反对胡格诺派的内战(超过3000名胡格诺派信众于1572年夏末在巴黎圣巴托罗缪大屠杀中惨遭屠杀)、西班牙与尼德兰的战争(持续了80多年)和梦魇一般的三十年战争(1618—1648年,这场战争对欧洲北部造成了不可估量的破坏)。

但是,特伦托大公会议为教会中教规与精神生活的革新奠定了坚实的基础,这种革新比过去强大和专注得多。在这次会议之后,《特伦托信经》和特伦托弥撒开始编纂,这套仪式在接下来的四个世纪中一直沿用;并且,特伦托大公会议终于成功遏制了新教潮流。这一切成果的大部分功劳,属于享乐主义者、任人唯亲者和通奸者教皇保罗三世。

到1545年底,亨利国王的健康状况正迅速恶化。他变得更胖了,患有溃疡的双腿几乎完全不能动;他只能坐着手推车移动,用巨大的绞盘帮他上下楼。另一方面,他仍像以往一样坚定地与其他君主进行无休无止的外交斗争。他不再有沃尔西或克伦威尔那样的人物为他做决定了;没关系,他已经准备好自己做决定。无论如何,他不用再和某个教皇争吵,但没有教皇,情况也十分复杂。至少他知道他想要的是什么;

现在他最大的愿望就是让布洛涅留在自己手中。枢密院一次次地劝他放弃布洛涅。他们指出,在他放弃布洛涅之前,英国与法国之间不可能有和平局面,而英国负担不起继续作战的开销。但亨利完全听不进去。对布洛涅的征服让他付出了巨大代价;布洛涅已经成了一个象征,他打算无论如何都紧紧抓住它不放。可惜,没有皇帝的帮助,他不可能成功。亨利现在正竭力催促查理宣布放弃他在克雷皮达成的不可原谅的和平协议,并恢复他在前一年结成的盎格鲁-帝国同盟。

但查理没有多大兴趣。他准备接受亨利提出的会面提议,但前提是亨利先与弗朗索瓦达成一项协议。但查理知道,想达成任何此类协议,都需要亨利先交出布洛涅,而亨利不会考虑交出。事实上,皇帝已经对这两个争吵无休的君主都感到厌烦不已,他希望他们都遇到麻烦。他眼下的首要目标是根除德意志的新教。在他看来,现在没什么比这件事更重要。

德意志的新教徒明白,如果他们想要幸存下来,他们需要所有自己能争取到的帮助。1545年9月,黑森、萨克森和符腾堡向英格兰派遣了一个联合代表团,使团并非直接求援,而是提出为亨利和弗朗索瓦进行调解,为的是这两位国王一旦再次达成友好关系,或许会与他们联合抵抗帝国的攻击。亨利同意了他们的提议,但他们的努力还是失败了;他们没有理解所涉问题的复杂性,而法国人无意于此。于是战争继续。过去几个月中,布洛涅和加来附近冲突频发,这些冲突的顶点是诺福克公爵之子遇袭的不幸事件,当时这位神气又年轻的萨里伯爵①率领的一小支队伍在圣艾蒂安要塞附近遭到严重打击；1546年1月，亨利决定维护他的立场。他派赫特福德伯爵爱德华·西摩带领大约25000名士兵、4000匹马到法国，一支由45艘帆船组成的舰队协助他。

赫特福德伯爵和他的部队按时在3月登陆加来，但他们没有深入内地，不是因为法国人的抵抗，而是因为亨利国王突然改变了主意。我们不知道他为什么这么做，可能是因为他的代理人无法找到足够的食物、武器和军火，可能是查理拒不帮助他，可能只是因为资金不足。无论如何，亨利决定议和。4月底，谈判开始。英国人和法国人都十分难对付，他们在6月初依然争论不休。但到6月6日，细节终于谈妥，7日，在阿德尔和吉纳之间（基本是金缕地之会的会址）的一顶大帐中，和约终于签订。布洛涅会在1554年被归还法国，法国要为此支付200万克朗。一周后，帝国使者对亨利说，以这样一个价格放手，这座城市会一直是英国的。据说，亨利国王"会心地笑了"。

然而，友好关系恢复了。几乎在同时，亨利（通过代理人代表）成为弗朗索瓦的孙子的教父。1546年8月1日，弗朗索瓦在枫丹白露宫正式签署了条约，最笃信基督教的国王毫不犹

---

① 萨里做诗人比做士兵出色得多。他与他的好友托马斯·怀亚特爵士是最早写作十四行诗（后来莎士比亚让这种诗体闻名）的英国诗人，他在他的译作《埃涅伊德》的第2卷和第4卷中第一次发表素体诗（不押韵的五音步诗行）。他被安葬在萨福克法拉姆灵厄姆的圣米迦勒教堂中壮丽的彩绘雪花石膏坟墓里。

疑地按照亨利愿意使用的"英格兰与爱尔兰教会的最高首脑"这个头衔称呼他。

但是此时,亨利身边的所有人都知道国王时日无多。尽管亨利现在大腹便便,不过在此之前,他与生俱来的健康体格让他一直身体不错。早在1514年,他得过天花,但他康复了;他从来没有显露出一点肺痨的迹象,而肺痨曾害死了他的父亲、兄长、私生子,不久后将带走他的婚生子爱德华六世国王。但是,他无法抵御事故,尤其在骑士比武场上。1536年,亨利在格林尼治发生了一次尤为严重的事故,当时亨利铠装的马匹倒在了他身上,他没有知觉地躺了2个小时。那时他已经44岁,而且严重超重;熟悉他的人知道,他再也不复从前。那时他的大腿上有溃疡,这处溃疡从1528年开始就一直折磨着他。它难免让人猜测亨利患有梅毒,但这些猜测几乎毫无根据;它更有可能是静脉曲张的结果,甚至可能是骨髓炎的结果。无论原因是什么,溃疡扩散到了另一条腿上。他的两条腿现在都严重溃烂,让他忍受着持续的疼痛。但迟至1544年,亨利不仅还在骑马,而且还在法国征伐。

亨利国王人生的最后一程似乎在1546年秋开始。也是在那时,国王开始行事乖张,主要表现是亨利前所未有地残暴对待诺福克公爵和公爵的儿子萨里伯爵。在过去一年的战役中,萨里伯爵确实表现不出色,但他绝对没有像亨利所想的那样密谋篡位。然而，萨里伯爵在1547年1月19日以叛国罪名被斩首，时年29岁或30岁。尽管公爵不受众人欢迎，但他尽心为国效力；可他也遭到指控，随后被判处与其儿子一样的罪名。幸运的是，国王的去世让他幸免于难；枢密院不希望爱德华六世的任期以杀戮开场。但在爱德华在位期间，诺福克公爵一直被囚于伦敦塔，直到1553年才被玛丽女王释放和赦免。

1546年12月26日，亨利让人取来他的遗嘱，他表示自己对这份遗嘱非常不满。他人生的最后一个月充斥着无尽的争吵和心意改变，所有这些很可能刺激着他、让他多活了一段时日。除了其他条款，亨利在遗嘱中肯定他的女儿玛丽和伊丽莎白是合法子女，并恢复了她们的王位继承权。但他的大限将至，而且他知道这一点。他在1547年1月28日周五凌晨去世，享年55岁。他在位近38年。2月14日，经过防腐处理的亨利遗体被送往温莎，送葬队伍行进了4英里（约6.4千米）。按照他生前的指示，他被埋葬在圣乔治礼拜堂，靠近珍·西摩的灵柩。

那本应该是亨利八世国王的故事的结尾。可叹的是，这个故事还没有结束。在亨利体弱多病的儿子在位的五年间，亨利宏伟的坟墓一直在持续建造，但玛丽女王一即位，这项工程戛然而止。[①] 玛丽的枢密院成员弗朗西斯·恩格尔菲尔德爵士后来说道，当亨利的墓穴被打开以及尚存的遗体被拖出并被仪式

[①] 在英国内战期间，这个坟墓已经建成的部分在1646年被议会破坏；空石棺和它的基座最终在1806年被用作了在圣保罗大教堂中的纳尔逊勋爵的坟墓。

性地点燃时,他当时正在温莎。亨利确曾是女王的父亲,但他是个顽固不化的异端和裂教者;在他的女儿眼中,他不应该有其他的命运。

但是,当迷雾散尽,有一个事实无可争议:自诺曼征服以来的所有英格兰国王中,亨利绝非最杰出的国王,但没有哪个国王比他拥有更加光芒四射的王权,没有哪个国王比他更多地改变了英国的面貌。亨利公然对抗皇帝与教皇;他摆脱了罗马教廷的束缚,但需要强调的是,亨利没有皈依新教,他的儿子爱德华在位时英国国王才皈依新教。一直到去世,亨利都没有改动自己所写的驳斥路德的书中的任何一个字,就是因为那本书,教皇利奥十世赐予了他"信仰捍卫者"的头衔,不过要强调的是,英国人尊奉的不再是教皇,而是国王。所有其他的天主教礼拜要素都没有改动,包括祈祷文。在托马斯·克伦威尔的协助下,亨利为国家建立了一套比以往更加高效的出色行政组织;他改造了英国海军,第一次建造了舷侧发炮的战船,因而改革了海战;他让臣民们见到了英文《圣经》的光辉;他破除了修道院的势力,值得一提的是,这没有引起教义问题。另一方面,是他造成了数百座壮丽建筑以及它们收藏的数千件无价珍宝被毁。作为文艺复兴之子和自诩的艺术爱好者,他后悔过自己的所作所为吗?他没有显露出丝毫的悔意。而且,尽管有无数允诺,他也没有妥善使用解散修道院而获得的巨额财富。他本可以建医院、学校、大学和救济院,甚至也可以修一两条路,但他没有这么做。一大笔钱款很可能用在了无双宫的建造上,到1545年11月,这座建筑已经花费了24000英镑,而它将在150年后被毁。两次接连对法国发起的军事远征花去了余下的许多钱。

同样可悲的是，他对探索发现基本没有兴趣。亨利在世时，已知世界的面积至少变为了原来的三倍：在探索美洲方面起领军作用的西班牙获取了数不清的财富；葡萄牙先是开发了非洲海岸，接着开发了西印度群岛，那是另一个有着取之不尽的财富的地方。法国也参与其中。但亨利对于新世界几乎没有兴趣，他对此事的兴趣甚至少于他的父亲，与他的女儿伊丽莎白相比更相去甚远。伊丽莎白尽力鼓励她忠诚的老练水手，并且非常热衷于与西班牙人激烈竞争。如果亨利在南美洲倾注了为在法国的不合时宜的野心付出的半数注意力，很可能今天这个大洲的部分地区在使用英语。

~

正如亨利驻巴黎的大使在1543年写给亨利的信中所言，弗朗索瓦国王像以往一样活跃和忙碌，"他从未在一个住处停留两个晚上，当接到有大公鹿的报告后他立刻整装待发，而且他每隔一个小时就会移动地方，以至于没有人知道圣驾在哪里"。但是到查理与苏莱曼在1545年签订《阿德里安堡条约》时，弗朗索瓦国王严重病倒了。在那年1月，他"下身"患有极为疼痛的脓肿。脓肿反复破裂、愈合，2月初，他恢复了一些，可以乘轿离开巴黎前往卢瓦尔河谷。他告诉帝国大使，自己已恢复健康，"虽然不能再和女士享乐"。但3月，脓肿再度复发，他在那一年持续衰弱下去。

他一刻也没有放松对政府的控制，外国大使们基本无从批评他对国际事务的了解和理解。但时至1546年夏天，虽然在弗朗索瓦觉得身体好些时他依然会外出打猎，但他明显已时日无多。1547年1月底，亨利八世在白厅宫驾崩的消息传来。弗朗索瓦向英国使团表达了失去"他的忠诚朋友"的悲痛；虽然有人看到他在那天晚上"朗声大笑，与他的女士们玩得欢快"，但没过几天他就陷入了极度抑郁中，且此后他一直没有从这种状态中走出来。① 他想要返回巴黎，并计划在巴黎圣母院为亨利安排一场追思礼拜。但当他到达朗布依埃时，他发现自己无法继续赶路。3月31日周四下午一两点钟，弗朗索瓦在那里去世，年仅52岁。

葬礼持续了将近两个月。或许最奇异的部分是为死去的国王持续供膳，从4月底开始供应了11天。栩栩如生的弗朗索瓦肖像画（出自弗朗索瓦·克卢埃之手）安放在圣克卢宫大厅的御座上，人们像国王仍然在世一样提供服务：餐桌布置好，菜肴一道接一道地端上，每餐饭斟两次葡萄酒。准备好后，一位枢机主教做饭前祷告。5月11日，国王的棺木才用马车送往巴黎圣母院，在简短的追悼礼拜后，棺木被送到了它在圣但尼修道院的最终安放之地，所有法国国王（除了三位）都安葬于此。新国王亨利二世——其孝心堪为楷模，但弗朗索瓦一直

---

① 传言说，弗朗索瓦的抑郁是因为垂死的亨利写给他的一封信，亨利提醒弗朗索瓦他也终有一死。如果没有充足的理由，这似乎是不可能的。即使在最便利的情形下，亨利也不愿意写信。

不太喜欢他——委托建筑师菲利贝尔·德洛姆在那里建造了一座精美的坟墓：弗朗索瓦与克洛德王后好像很庄重地一起躺在基座上，而我们可以看到坟墓下已经裸露且被虫蛀的遗体。

人们不断追问，弗朗索瓦国王的死因是什么？传统上，人们认为他死于梅毒。他肯定接受过这种疾病的治疗，但根据在他临终时照顾他的人描述的症状，再加上他神志非常清醒的事实，梅毒夺去他性命的说法非常不可信。无疑，问题是在泌尿系统方面，但除此之外，考虑到16世纪的医学水平，我们永远不会知道其他信息。

7

"不无悲伤"

'A reasonable regret'

就这样，在1547年的头三个月，构成本书主人公的四位君主有两位去世了。与他们相比，他们有些可悲的继任者只能算是平庸，而且他们的命运也不会在本书中详细叙述。另一方面，因为他们与我们的另两位君主——他们还会活很长时间，而且我们将在后文中重点关注他们——同时在位，所以他们不能被完全忽视。

英格兰国王爱德华六世登基时是个9岁的小男孩，而且他没成年就夭折了。他是亨利与珍·西摩的儿子，是第一个作为新教徒成长起来的英格兰君主。关于他的幼年时期，一般认为他是一个多病的孩子，不可能比他的父亲活得长。然而最近，历史学家们质疑了这种观点。他很可能曾是一个健康的婴儿：1538年5月，有人看到亨利"双手抱着他逗他玩……把他抱到窗边与民众见面"，几个月后，大法官奥德利男爵托马斯描述过他的茁壮成长。4岁时，他患了四日热，这是一种每隔四天反复发热的疟疾，但他康复了，而且在他感染最终害死他的肺结核之前的几年中，他的身体好像一直都不错。他在7岁时开始接受正式的教育，当时他开始学习拉丁语、法语、西班牙语和意大利语，还上了鲁特琴和维金纳琴课程。同时，托马斯·克兰麦大主教——他的《公祷书》至今仍在使用——引导着他的精神成长。到 1549 年，爱德华已经写出了一份关于教皇是敌基督的论文，由此可见，他一定是个十分聪颖的学生，并且走在正路上。

从爱德华的婴儿时期开始，他就不可避免地成为无休无止的外交棋局中的一枚棋子。早在 1543 年 7 月 1 日，他的父亲与苏格兰签署了《格林尼治条约》，根据这份条约，亨利 5 岁的儿子与当时 7 个月大的苏格兰女王玛丽订婚。① 苏格兰人在 12 月毁弃了这个条约，亨利国王十分愤怒，于是他派儿子的舅父赫特福德伯爵爱德华·西摩率军入侵苏格兰，"让一切交付火焰与刀剑，烧毁爱丁堡，纵情劫掠，把一切夷为平地，毁坏所有东西的外观，让那里永远留下上帝对他们的虚伪与不忠的报复的永恒记忆"。西摩照办了，随后的战役没有怜悯，不留俘虏。在英格兰对苏格兰发起的所有战役中，这次战役是最无情、最野蛮的。同时，玛丽被匆忙转移到法国。在法国，玛丽与法国王太子（未来的弗朗索瓦二世）订婚，并且将任法国王后 17 个月，从 1559 年 7 月至弗朗索瓦二世去世。

在父亲的葬礼四天后，爱德华在威斯敏斯特修道院加冕。仪式被缩短了，首先是因为"重复的仪式耗时过多，这些仪式会使尚且年幼的国王厌烦，或许会于国王不利"，也因为宗教改革已经使得其中一些仪式不恰当。然而，克兰麦在加冕礼上

---

① 玛丽生于 1542 年 12 月，当她的父亲苏格兰国王詹姆斯五世去世，她继承王位时，她才刚刚出生 6 天。

有时间重申君权至上——国王现在是英国国教会的最高首脑这一事实，并敦促这位年轻的君主继续完成其父亲未竟之业，以"使臣民摆脱罗马主教的暴行并取缔偶像"。在以后的几年中，宗教偶像不仅被取缔，而且被破坏得粉碎。爱德华在位时期出现了破坏偶像的狂欢，只有一个世纪后的共和国时期才出现可以与之比肩的破坏偶像运动。确实，在爱德华六世即位后，英国以极快的速度偏向新教。老国王刚下葬，祈祷文就更换了，而且日内瓦长袍和饰带取代了旧有的传统天主教法衣。现在，数百位教士开始结婚，这是克兰麦开创的风尚。

但爱德华在位的时间不长。1553年1月，年轻的国王发热生病。后来他稍有好转，可以转至格林尼治，但他的病情再次恶化，双腿浮肿到不能行走。7月6日晚8点，他在格林尼治去世，时年15岁。在一场改革派葬礼（当然由克兰麦主持）后，爱德华被埋葬在威斯敏斯特修道院祖父亨利七世的礼拜堂内。像16世纪的常见情况一样，我们不清楚他的死因；难免有传言说，爱德华是被迫切想让他的姐姐玛丽登上王位的天主教徒毒死的，但这些传言几乎没有确凿证据。最有可能的解释是他死于肺结核，但这并不重要。重要的不是原因，而是结果；结果是，他31岁的同父异母的姐姐玛丽登上了王位。玛丽在位时间比爱德华六世还短，但却是一段恐怖统治时期：在短短五年多的时间里，她让超过280名新教徒在火刑柱上被烧死。

法兰西国王亨利二世是弗朗索瓦一世的第四个孩子、第二个儿子。他的哥哥在1536年去世，且去世时没有结婚，也没有子嗣，于是亨利在28岁生日那天继承了父亲的王位。凯瑟琳·德·美第奇与亨利的新婚之夜并不愉快，但为他生了十多个孩子，另外他还有三个私生子。但他毕生的挚爱是比他年长20岁的美人黛安·德·普瓦捷，他丝毫没有遮掩她。她在亨利二世在位期间发挥着非常大的政治权力，在那段时期，她是法兰西最有权势的女人。① 与海峡对岸的玛丽女王一样，亨利像当时的任何一个天主教徒一样偏执；他遵循的宗教政策与他的父亲非常相像。对新教徒胡格诺派的迫害仍在继续，甚至更为猛烈。如果被定罪，他们可能会在火刑柱上被烧死，或者至少是被割掉舌头。

在一场事故之后，亨利在40岁时英年早逝。1559年7月1日，他在巴黎的孚日广场参加为庆祝《卡托－康布雷齐和约》而举办的马上比武联赛。两个月前，这份条约结束了他与西班牙的腓力二世之间持续八年的战争。亨利的对手是法国贵族蒙哥马利伯爵加布里埃尔，他碰巧是国王的苏格兰卫队的队长。蒙哥马利伯爵的长矛击碎了，然后，概率只有百万分之一的事件发生了：长矛的一小片碎片从国王的面甲下面掠过，穿过了

---

① 尽管这样，她还是同意由弗朗索瓦·克卢埃为自己创作了一幅裸体沐浴像。

他的眼睛，深深地刺入了他的头颅。十天后亨利去世，其子弗朗索瓦——苏格兰女王玛丽的丈夫——继位。1560年，弗朗索瓦因为耳部炎症而发高烧，之后他也过世了，此后，王位先后传给弗朗索瓦的两个弟弟，即查理九世和亨利三世，而他们二人去世时都没有留下合法的子嗣。此时，法国已深深陷入宗教战争的泥潭。亨利三世于1589年去世后，纳瓦拉的亨利四世才顺畅地即位，在此之后，法兰西再次迎来一位名副其实的国王。

除了无数情妇，苏莱曼大帝一生中有三个女人。第一位是居尔费姆哈屯。她为苏莱曼生下了儿子穆拉德，但穆拉德出生后不久就夭折了，她在此后不久就遭到冷遇，我们可以不用再在意她。第二位是玛希德弗朗苏丹，他叫她"Gülbehar"，意为"春天的玫瑰"。历史学家对其出身仍有争议，她似乎是阿尔巴尼亚人或切尔克斯人。从1512年到1525年，她为苏莱曼生了五个孩子，但到了1520年，她也开始面对一个劲敌：哈塞基·许蕾姆苏丹，也就是我们所知的"俄国女人"罗克塞拉娜。她确实非常危险。①

到16世纪50年代，罗克塞拉娜自己也开始变得忧心忡忡。她已为苏莱曼生了五个高大健壮的儿子，但苏丹的长子并

---

① 关于她的描述详见第33页。

不是他们五人之一，而是玛希德弗朗所生的孩子。穆斯塔法现在正值盛年，他三十七八岁，学养深厚，魅力不凡，是个无畏的战士，无论出于何种考虑他都会是其父的适当继承人。在许蕾姆看来，问题在于，如果他登上王位，他做的第一件事就会是按照古老的奥斯曼传统，把他所有同父异母的兄弟——她的孩子——全部勒死。她自己的性命也许能保全，但她会被送到极为令人生厌的旧后宫。所有不再需要的年老宫嫔都在那里度过残生，很可能包括玛希德弗朗在内。因此，出路显然只有一条：除掉穆斯塔法。对于这种事，罗克塞拉娜并非没有经验；如果宫廷传言是真的（它们很可能就是真的），正是她策划了1536年易卜拉欣帕夏被暗杀一事。除掉穆斯塔法或许会更困难一些，但现在她这一方有易卜拉欣的继任者，即她矮小、黧黑、狡猾又有些阴险的女婿大维齐尔鲁斯坦帕夏。[1]她知道，鲁斯坦帕夏会乐意全力相助。

鲁斯坦帕夏最近刚被任命为征伐波斯的大军的总司令，这场新的战役在1552年春开始；第二年冬天，这支大军驻扎在安纳托利亚南部的尕勒莽，穆斯塔法王子也在这支军中服役。然而，苏丹已返回首都过冬。那年冬天，鲁斯坦派他的骑兵队长前往伊斯坦布尔递送报告，他知道这个名叫谢姆西的人深得苏丹的敬重和信任。他让谢姆西向苏丹汇报最新的战役进展，同时提醒苏丹：因为苏丹不在军中，士兵们在嘀咕他们的苏丹

---

[1] 由他修建并以其名字命名的小巧的、饰以精致瓷砖的清真寺，是伊斯坦布尔最美丽的清真寺之一。

正在变老（他确实已经59岁了），还在讨论让一个年轻力壮者登上王位的可能性。这份报告接着说，穆斯塔法对这个提议很上心，甚至秘密联系波斯人以争取他们的帮助。苏莱曼果然暴跳如雷，大骂他的长子。他立刻召回鲁斯坦，并亲自着手安排在春季接手最高指挥权。

我们可以想象得到，除了罗克塞拉娜，鲁斯坦和他们的朋友一整个冬天也都在设法说服苏丹；到苏丹抵达尕勒莽时，他已经下定决心。一到达那里，他就立刻给儿子传信，召他即刻面君，"以澄清他被指控的罪行"，并且担保说，如果他能做到，他就什么都不用怕。穆斯塔法非常清楚他正处于紧要关头，但因为他确信自己是清白的，他只能遵从父亲的命令。斐迪南大公的大使吉斯兰·德比斯贝克收到了一份当时在场者的记录，因此他描绘：

> 穆斯塔法入帐。大戏开演，他被牢牢地抓住。但这位王子意识到这是自己的最后一搏，他重拾力量、鼓足勇气。他知道，如果他胜了，他就会获得王位；他设想着失控状况，在这种情形下，激昂的战斗会激起禁卫军的同情；他看到他们已经准备好为他抵抗苏莱曼的暴行；他相信他可以听到全军拥戴他为苏丹。这正是苏莱曼惧怕的，于是他谨慎地挂起了大帐（惨剧发生的地方）后的帷幔，这样就没有人会看到任何事情，甚至也不会有人怀疑任何事情，任何声音也无法透出。

虽然穆斯塔法以一敌众，但求生和掌权的强烈渴望使他所向无敌；战斗仍未分出胜负，但在另一边的苏莱曼求胜心切，他从帷幔上方探过头去，看到自己的杀手们就要被打垮了；他的恐惧陡然而增，他逼视着疲兵，眼中满是怒火和对他们的软弱的敌视。他给送葬人的这个眼神起了什么作用？我无法描述：他激发出的狂怒是无法比拟的。他们立即再次扑向穆斯塔法，直接把他打翻在地，夺去了他的性命。然后他们把可怜的王子的尸体放在苏莱曼大帐前的一张毯子上，以便禁卫军们通过王子的命运——他们想要拥立的苏丹刚刚招致的命运——明白苏丹的权力和威望。

穆斯塔法深受部下爱戴，他的悲惨遇害激起了全军的愤怒和反感。他们当面侮辱苏莱曼（之前从未有过这种事），咒骂罗克塞拉娜和鲁斯坦，谴责这两个人扑灭了"最明亮的太阳，他的光芒本可以增加皇室的荣耀"。为了安抚他们，苏丹把全部罪责归于鲁斯坦，他收回他的官印，罢黜了他的职务。但这个老维齐尔实在太有价值了，不能被完全舍弃：还不到两年，他又官复原职。

可叹的是，仅仅除掉穆斯塔法是不够的。穆斯塔法有个儿子，即只有十几岁的穆拉德，现在平静地在布尔萨生活。此时穆拉德没有危害任何人，但罗克塞拉娜力求万全。一两周后，穆拉德也不幸离世。这两次暴行一经传出，整个欧洲大为震动，但欧洲也因此松了一口气。众所周知，穆斯塔法足智多谋、胸怀大志且勇气可嘉。如果他活着并继承了苏莱曼的苏丹之位，他会把帝国的边境推进多少呢？此事发生时，欧洲的君主们对苏丹的其他儿子或者哪个儿子会继位几乎一无所知。如果他们对此有了解，他们就不仅仅是松一口气，而是欢呼雀跃了。

∽

查理皇帝很清楚英国发生的变化，并为此感到十分苦恼。他尤其担心他的亲表妹玛丽公主（她很可能不得不遵从新的新教法规），于是他通过一位英国使节要求准许玛丽和以往一样继续遵循她的信仰。他的担忧是完全有理由的：摄政委员会已经威胁过玛丽的专职教士，如果他继续无视摄政委员会的法令，他将受到严惩。这个可怜的人只能答复说，在其他任何地方他都会使用克兰麦新近发布的《公祷书》，但在他的女主人自己的住处，他只能服从她的指示。

对于玛丽本人来说，这是一个严峻的危机。弥撒是她唯一的安慰和得救的唯一希望；她不愿放弃弥撒，宁可离开这个国家。这完全不是查理想要的结果，因为这样做会大大减少她继承王位的机会，而且如果她最后到了他的宫廷，她的出现会是一件非常尴尬的事。不过查理最终被说服，认为她只能寄希望于逃亡到其他地方，并且他赞成一个把她悄悄带离英格兰的精密计划。计划是，两位乔装成谷物商人的帝国特务乘一条载着小麦的船沿布莱克沃特河到埃塞克斯的莫尔登。然后，他们将会在夜幕中把玛丽带上船，偷偷把她送到一艘候在海岸边的西班牙军舰上。这个计划没有付诸实施,但是它实际上是没有必要的。玛丽待在自己原来的地方,并且在私下继续如其所愿地望弥撒。

然而,随着爱德华去世,一系列新的问题在1553年夏出现了。根据玛丽的父亲在遗嘱中认可的《继承法案》,玛丽是女王。但现在英格兰是一个彻底信奉新教的国家;如果她继承王位,天主教徒将再次掌控大权,之前几年的一切努力将会前功尽弃。正是出于这样的考虑,年轻的国王在临终时指定绝对信奉新教的简·格雷继承王位,而不是指定他同父异母的姐姐。简·格雷是亨利七世的小女儿玛丽的外孙女,因而是亨利七世的曾外孙女。因此,她是爱德华的隔代表亲,这绝对不是十分亲近的亲戚关系。但因为亨利八世没有其他孙辈,她是摆脱罗马的再次控制的唯一希望。她的另一个优势是,她在两个月前刚刚嫁给了诺森伯兰公爵的儿子。作为摄政委员会的领导人,公爵是英格兰最有权势的人。7月10日,简·格雷被正式宣布为女王。

不满的怨言立刻出现了。尽管玛丽是天主教徒,但她是亨利在世的最年长的孩子,不少人不顾宗教因素而支持她的合法王位继承权,因此,所有那些拒不接受新教信仰的人准备好了热情欢迎她。她同父异母的弟弟过世后,她立刻回到了自己在诺福克的封地,她在那里很受欢迎,而且她知道她在那里可以争取支持力量。她从诺福克给枢密院寄去一封信,坚决要求自己的王位继承权被承认,并且要求宣布她是英格兰的合法统治者,而她自己已经这样宣称了。

诺森伯兰公爵意识到自己犯了一个致命的错误。他不应该让玛丽拥有自由；在爱德华六世即将去世时，他就应该逮捕她。7月14日，他带着约3000人进兵东安格利亚，希望自己现在还能逮捕她。但他次日赶到剑桥时，发现为时已晚。玛丽已经在萨福克的法拉姆灵厄姆城堡集合人马，在一周之内，她在那里聚集了将近2万人的大军。在伦敦，枢密院发现自己已经无法与玛丽抗衡。7月19日，枢密院宣布玛丽为女王，他们或许是有些怯懦。简·格雷9天的统治告终。在伦敦，人们狂喜地接受这个宣告。远在剑桥的诺森伯兰公爵被命令发布类似的宣告；他照做了，但这对他没什么用处。他在7月24日被捕，在8月22日被斩首。可怜的简·格雷被囚禁在伦敦塔，11月被判叛国罪。

同时，玛丽即位的消息也在罗马掀起了轩然大波。现任教皇尤利乌斯三世派遣枢机主教博勒——如果博勒在教皇选举会议中表现得再活跃一些，他就可以轻而易举地成为教皇，但他以2票之差落选——作为教皇使节尽快前往伦敦。他奉命鼓励天主教信仰的复兴并帮助这一复兴成功。但不幸的是，此时教皇把更多的注意力放在一个17岁男孩身上，这个男孩徒负因诺琴佐（Innocenzo，意为清白无邪的）之名。他在帕尔马的街头发现了这个孩子，且在就任教皇后立刻任命他为枢机主教。教皇无疑欢迎英格兰重回天主教怀抱，但不可否认，他平生的首要原则是寻欢作乐。1555年2月，英格兰派出一位大使，通知教皇这个国家将正式服从罗马教廷，但是当大使到达罗马时，教皇已经去世了。对于一个臭名昭著（尤其因饕餮成性而臭名昭著）的人来说，他的结局如同出自诗歌：他的消化系统功能衰退，最终他是饿死的。

尤利乌斯的继任者是教皇马塞勒斯二世，但刚即位22天，他就遭受了一场致命的中风。[①] 接替他的是教皇保罗四世，他是16世纪最年迈的教皇，也是非常不受欢迎的一位。皇帝想尽办法阻止他当选，但这番努力却适得其反。季安·皮埃德罗·卡拉法已经79岁，而且他狭隘偏执，拒不妥协，甚至不听取他人的任何意见，他就是个来自中世纪的老古董。他的严厉和他引发的恐惧非常严重，以至于当他走过梵蒂冈时，据说他的脚下会飞出火花。他叫停了特伦托大公会议；他制定了《禁书索引》，其中包括伊拉斯谟的全部作品；他以造访宗教裁判所为乐，从不错过裁判所每周的会议；而且，他发起了教皇史上最残酷的反犹活动，以至于在他担任教皇的短短五年中，罗马的犹太人口减少了一半。正是在他在位期间，犹太人被集中在犹太聚居区，被禁止从事任何商品的贸易（除了食品和二手服装），在每座城市只能保留一座犹太会堂（在罗马，七座犹太会堂必须被毁），只能讲意大利语和拉丁语，而且在上街时必须戴黄色帽子。

除了犹太人，保罗四世最痛恨的是哈布斯堡家族。他永远不会原谅查理皇帝缔结《奥格斯堡和约》的行为，因为为了安抚德意志，这个和约在1555年向路德派教徒让出了拥有路德派统治者的地区。两年后，保罗四世放弃了前任教皇们的中立

---

① 帕莱斯特里那的《马塞勒斯教宗弥撒》是他唯一的长久纪念物。

态度，且无视查理现在是天主教改革的主要支持者这个事实，他与法兰西的亨利二世结盟，并对西班牙宣战。他甚至指示宗教裁判所发起开除查理和他的儿子腓力教籍的程序。查理和腓力一获悉此讯便传令西班牙，如果接到任何类似指示，教皇使节就要被赶出这个国家。1557 年 8 月，西班牙军队包围并洗劫了皮卡第的圣康坦城，此后两年此城都荒凉破败。据说教皇听闻法军大败后差点气死。他甚至拒绝接受玛丽，而她毕竟让她的国家重回天主教信仰。他罢免了可敬的枢机主教博勒的使节职位，召他回罗马以回应对他的异端指控。他逐渐让自己变得非常令人厌烦，从而方便了伊丽莎白女王让她的国家恢复新教信仰。1559 年，这个 16 世纪最遭人痛恨的教皇病重去世。随着他的死讯传遍罗马，民众欢呼雀跃。他们破坏了宗教裁判所的总部，将这栋建筑砸烂，释放了所有的囚徒。然后他们来到卡比托利欧广场，推倒了教皇的雕像，把雕像的头部敲下来，然后将其扔进了台伯河。①

在 1553 年 7 月得知表妹玛丽的胜利消息后，查理立即着眼于新的目标。现在出现了一个让古老的勃艮第地区与英格兰结盟的机会，这样可以形成威胁法国的夹击之势，并将大大加强他相较于亨利国王的优势。显然，第一步是让玛丽与他的儿

---

① 雕像的头部后来被找了回来，现在它在圣天使堡。

子腓力联姻。但这位新任女王近乎疯狂的宗教狂热令他十分担心。查理一次次劝她，让从前的宗教重新成为国教之事不能操之过急；他知道，过度的热情很容易会使她的臣民反感，并激起反天主教的情绪。但玛丽置若罔闻。她对罗马教会的虔诚的确是狂热的，只要她的国家没有归附罗马教会，她就不会停歇。缔结这段婚姻还有其他困难。其一，腓力现在27岁，比他未来的新娘年轻11岁。另一个问题是，腓力已经结过一次婚，他的第一任妻子葡萄牙公主在生产时去世。他们的儿子唐·卡洛斯现年9岁，人们普遍认为他精神失常。事实上，一切都取决于玛丽自己：她会不会接受腓力做自己的丈夫呢？皇帝出色的年轻大使西蒙·雷纳德奉命尽快让玛丽接见他。雷纳德成功地在玛丽被宣布为女王的那天与玛丽秘密交谈，他提醒她对人民的责任意味着她应当结婚。他写道，重要的事情是"让她有结婚的意愿"。

另一方面，如果不能嫁得如意郎君，玛丽一点也不想结婚；在腓力之外，还有许多其他人选。玛丽曾向雷纳德的前任坦言，她更中意的丈夫是皇帝本人（她确曾在1522年至1525年与他订婚），但查理放出消息，他现在太过年迈衰老，而且他永远不想再娶妻。既然无法与皇帝成婚，人们认为玛丽爱慕爱德华·考特尼。玛丽刚一即位，就释放了关在伦敦塔中15年的考特尼，并封他为德文伯爵。雷纳德壮着胆子尽力劝她与腓力联姻，但玛丽直言她已经做了一些问询，而且她不太喜欢他的声音。

就这样拖了好几个星期，女王一直犹豫不决。枢密院的重要成员佩吉特男爵最终使她下定了决心。他告诉她,这是女王陛下必须迈出的一步,她不能将之视为一段婚姻,而是一个"会对她的王国与臣民有益的庄严结盟"。她似乎被此论说服了。还有一个阻碍:大法官斯蒂芬·加德纳主教的坚决反对。他力主女王与考特尼结合,并声称人民不会容许他们的女王嫁给一个外国人,何况还是一个西班牙人;最终玛丽向他发怒,并宣布与其嫁给英国人她宁可终身不嫁,这时他才承认劝说失败。在一周后的议会问询中,他做了最后一次无望的尝试,他流泪诉说,他对考特尼的好感出自他们一同被关在狱中的几年。女王轻蔑地问,这就是她应该嫁给考特尼的原因吗?

必要的条约在1554年1月12日签署,雷纳德报告皇帝,如果腓力能及时赶到英格兰参加婚礼(时间在大斋节开始前),那么就不会有其他问题了。但一周后,他就没有这么乐观了。伦敦城中焦虑之声迭起,理由是这桩婚姻于商业不利;还有流言说,腓力想凭借冈特的约翰的家族渊源①提出对英格兰王位的继承权。1月27日,暴风雨终于来临。诗人兼大使托马斯·怀亚特爵士的儿子小托马斯在爱德华·考特尼(现在是德文伯爵)的积极鼓励下起兵造反,号召他的同胞与他一起肩负起阻止西班牙人踏入这个国家的神圣使命。这次起义没有持续太长时间,2月8日,怀亚特被逮捕。但玛丽和枢密院好几天都处于惊恐当中。德文伯爵又被送进了伦敦塔,不久后伊丽莎

---

① 冈特的约翰的女儿菲利帕嫁给了葡萄牙国王若昂一世,而若昂一世是腓力的母亲伊莎贝拉的先祖。

白公主也将被关进去。可怜的简·格雷没有牵涉其中，但这并不重要：1554年2月12日，她与她的丈夫被指控为同谋，分开被斩首——她的丈夫在塔丘被公开处决，而她在伦敦塔内的格林塔被处决。

此时，雷纳德告诉女王，在德文伯爵和伊丽莎白"这两个大人物"被处决或不构成任何威胁之前，女王的未婚夫不可能踏入英格兰。然而，相关部门无论如何也找不到他们与怀亚特造反有牵连的任何证据。① 雷纳德只得沮丧地报告皇帝，英格兰的法律非常令人不满，除非人们被证明有罪，否则法律不会处死他们。伊丽莎白从伦敦塔被转移至伍德斯托克，她在途中受到了人们的欢呼。在伍德斯托克，伊丽莎白将在亨利·贝丁菲尔德爵士的看守下被软禁一年。德文伯爵不久后被释放，但他被流放了。他在威尼斯安顿下来，并明智地在那里度过余生。

1554年7月25日，在新人初次见面两天后，这场两个王室的婚礼终于在温彻斯特大教堂举行。只要他们的婚姻关系一直存在，腓力——为免腓力妻子的头衔高过腓力，他的父亲将那不勒斯王国授予他——将享有玛丽的所有头衔和封号。所有议会法案都将以他们二人的名义发布，硬币上也要印上他们二人的头像。因为英格兰的新国王不懂任何英语甚至法语单词，所以所有国家事务的综述报告都要附上拉丁语和西班牙语

---

① 事实上，怀亚特在给枢密院的供词中控告了他们二人，但在行刑台上，他收回了自己的话，澄清他们并非同谋。

版本。如果他们得以育有子女，他们的继承人将同时继承英格兰和勃艮第领地，腓力的儿子唐·卡洛斯——无论他是否精神失常——将继承西班牙和意大利。如果他们没有孩子，腓力与英格兰的全部关联将在玛丽去世时终止。英格兰事务将不会受到西班牙人的干涉。而且，腓力的野心又遭遇了最后一击：12月26日，议会拒不批准腓力加冕为英格兰国王。

～

与父亲不同，腓力是个土生土长的西班牙人。当他来到英格兰与玛丽结婚时，这仅仅是他第二次离开伊比利亚半岛。第一次是他在1549年访问低地国家和帝国。他不得不在英格兰待了将近两年，他厌恶欧洲北部，厌恶那里的寒冷，厌恶啤酒，厌恶新教，厌恶他听不懂的野蛮语言，厌恶几乎身边所有人惯常的醉酒状态。英格兰更可怕，因为除了所有这些，他身边还有一个姿色平平的年老女士，人们指望着他和她生育孩子。他认为这个任务既困难又令人不悦：腓力的好朋友鲁伊·戈麦斯·德·席尔瓦写道，尽管女王是一个很好的女人，"但饮尽这杯酒需要费很大的劲"。另一件事也没有改善局面：腓力带来了整套的西班牙仆从来服侍他，但他发现同样齐全的一套英格兰仆从已经在恭候他。过了好几周，一个双方都满意的妥协方案才终于达成。

但腓力尽力而为，对很多英国人来说，虽然他不懂他们的语言，但他却是个惊喜。他绝对算不上英俊，尽管与他的父亲相比他的外貌无疑已经好很多，但在他愿意展示他的魅力时，他确实很有魅力。玛丽在1554年9月底停经、体重增加而且早上经常恶心，因而此时的局面更加有所改善。几乎宫廷中的每个人，包括医生在内，都匆匆做出了这个明显的结论。1555年4月最后一周，伊丽莎白从软禁中被释放，受命去照料她同父异母的姐姐并见证即将来临的喜事。

根据威尼斯大使乔瓦尼·米希尔的记述，腓力已经做好准备，万一他的妻子死于生产，他就娶伊丽莎白为妻。另一方面，他在写给自己的堂弟（同时也是妹夫）奥地利的马克西米利安的信中表示，他怀疑自己的妻子是否真的怀孕了。现在我们都知道，他的怀疑是对的。1555年7月，玛丽腹部的隆起开始缩回去；这是假性怀孕的经典案例，很可能是因为玛丽想要孩子的愿望过于强烈而出现的现象。她将之视为对于她容忍国内的异教徒的"上帝的惩罚"，这是她的典型想法。她深感悲痛和耻辱，于是她更加心急，沮丧万分；雪上加霜的是，腓力此时告诉她自己将离开英格兰去会见他的父亲，因为他的父亲表明，需要他回到尼德兰。腓力知道玛丽会因此非常难过；还是根据米希尔的记述，她现在"非常爱他"。腓力写信给鲁伊·戈麦斯："告诉我，你觉得我该说什么好，我又该怎么告诉女王我将离她而去呢……我觉得我必须得说点什么。上帝帮帮我吧！"可惜，他具体说了什么没有留下记载；1555年9月4日，在腓力抵达英格兰14个月后，他横渡英吉利海峡前往布鲁塞尔。

一年半后，腓力在1557年3月重返英格兰，但这一次他在英格兰的停留时间更短。他现在30岁，在此之前，他过着对于一个欧洲君主来说异常安稳的生活，此时的他或许有些向往冒险；也许他也很渴望获得之前未曾有过的战斗经验。法国人是唯一可能的敌人，而他刚回英格兰不久，法国人就发起了他正需要的挑衅——他们在物质上支持了叛乱的托马斯·斯塔福德。当时，斯塔福德在1557年4月占领了斯卡伯勒城堡，并号召他的同胞同他一起把西班牙人赶出英格兰。一两天后斯塔福德即遭逮捕，不久后他和他的32个同伴一同被斩首。但女王在盛怒之下对法国宣战。7月4日，腓力带兵登陆，这支部队主要由德意志雇佣兵组成，也包括由彭布罗克伯爵率领的少数英格兰士兵。这次远征遭遇惨败。远征的最主要结果是加来港在1558年1月失守，而在两百多年的时间里加来一直都是英国的领土。每个英国的学童现在都知道（或者曾经都知道）女王接到这个消息时的反应。① 但不太为人所知的是，她此前刚经历了第二次假性怀孕，且她几乎已无力承受这第二重打击。

她其实并不知道自己的病情有多么严重。像16世纪的常见情形一样，人们很难确定准确的诊断结果。但种种迹象表明，她很可能患有子宫癌，并且她的病已经发展到晚期。玛丽于1558年11月17日去世。她曾专门指示要把她埋葬在彼得伯勒大教堂里母亲的墓穴旁边，但人们没有照办，而是把她埋葬在了威斯敏斯特修道院，她同父异母的妹妹伊丽莎白日后也

---

① 她说："如果我死后被剖开，你会看到腓力和加来在我的心里。"

将被埋葬在此处。她的丈夫当时身在布鲁塞尔,他在给妹妹奥地利的胡安娜的信中说,对于她的离世自己"不无悲伤"。①

没有多少人同样感到悲伤。在玛丽在位的五年时间里,大概平均每周就有一场火刑,因此"血腥玛丽"的别称可谓名副其实。不仅是新教徒,她的大多数天主教臣民也反感她的暴行。西蒙·雷纳德曾经提醒,这般"残忍行事"很容易招致叛乱;腓力的主要宗教顾问阿方索·德·卡斯特罗谴责女王的行为失去了控制。果然,她逐渐失去了民心。她与腓力的婚姻、腓力丢掉加来,以及恶劣天气和随之出现的严重歉收(但把这一点归咎于她非常不公平),更是让她不受欢迎。

但或许我们也应该怜悯她:她的身边环绕着一群和她一样狂热的神职人员和修士;因为她的丈夫不在身边,她忍受着无边的孤独,她爱她的丈夫,但在这段历时 52 个月的婚姻中,他只有 17 个月在她身边;她背负着没能生下一儿半女的耻辱,而假性怀孕更是加剧了她的痛苦,那两次假性怀孕曾燃起了她的希望,然后又将其打碎。她去世时年仅 42 岁,但她的生活几乎没有带给她真正的幸福,她很可能已经没什么留恋的了。

---

① 此后不久,他就开始无耻地追求伊丽莎白。感谢上帝,伊丽莎白拒绝了他。

8
卡洛斯修士和"获胜的鼓声"
Fray Carlos and 'the drum of conquest'

马耳他之围，1565 年

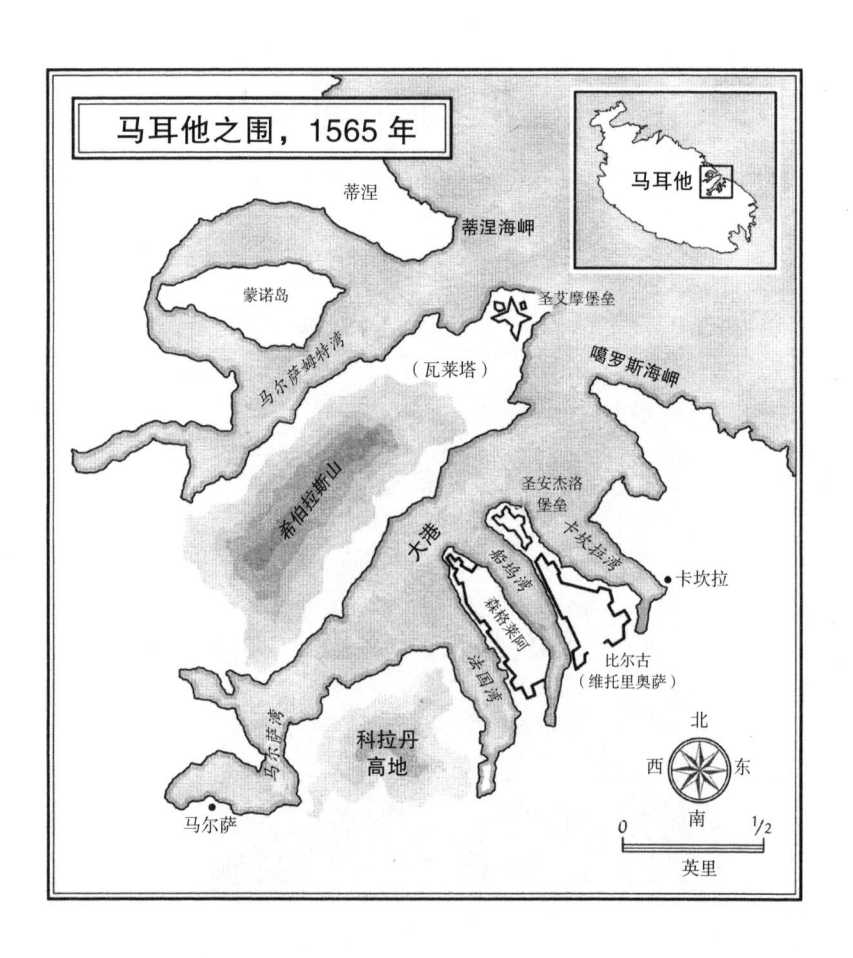

马耳他

蒂涅
蒂涅海岬
蒙诺岛
马尔萨姆特湾
圣艾摩堡垒
（瓦莱塔）
噶罗斯海岬
希伯拉斯山
圣安杰洛堡垒
卡坎运湾
大港
卡坎拉
希马湾
森格莱阿
比尔古
（维托里奥萨）
法国湾
马尔萨湾
科拉丹高地
马尔萨

北
西 东
南

0　1/2
英里

查理皇帝一直梦想着退位。他在 1535 年第一次产生了这个想法，因为在夺得突尼斯后，他第一次发现自己长了几根白发。那时他已经在位 20 年，这 20 年过得如同在其他岗位上工作 40 年。但他还不能退位，他的儿子和继承人腓力只有 8 岁。他必须再坚持 20 年，不过，如果腓力对自己面临的使命表现出更多的资质、活力和热忱，这个期限也许会缩短到 15 年。查理唯一的婚生子无疑一直让人有些失望。因此查理退位的时间依然不确定。不过，自从皇帝萌发了退位的念头，他就已经想好解脱之后他要退隐的去处：埃斯特雷马杜拉的尤斯特修道院。哲罗姆修会在 1402 年修建了这座修道院，以纪念在此被摩尔人杀死的 14 位主教。

查理身心疲惫，并受痛风折磨，一旦他能让腓力准备好在佛兰德斯和西班牙接替自己，他就会迫切地离开。到 1555 年夏天，距离查理和腓力上次见面已经过去了四年半，在 1551 年时，查理完全无法确认腓力日后是否能够接替他。简而言之，查理这次要观察的是，现今的腓力是否能胜任。于是，腓力刚从英格兰到达尼德兰，就被带到了蒙斯附近的鲁尔克斯城堡，他在那里与父亲单独度过了几天。腓力似乎通过了考验。

查理正式将尼德兰的统治权移交给腓力,并在1556年1月将西班牙及其属国(当然包括新大陆)的王权移交给他。既然德意志及旧帝国领土已经交给他的弟弟斐迪南,那么查理留下的只有皇帝头衔了。

10月25日,盛大的退位仪式在布鲁塞尔举行,尼德兰所有领主齐聚皇宫的大礼堂。下午3点整,皇帝倚靠着年轻的奥朗日亲王威廉①抵达现场。腓力二世紧随其后,再后面是低地国家总督匈牙利的玛丽、马克西米利安大公、萨伏依公爵伊曼纽尔·菲利贝托和一众其他要人。历史学家J·L·莫特利在《荷兰共和国的兴起》一书中对查理及其儿子做出了精彩描述:

> 查理五世现年55岁8个月,但他看起来已显衰老。他身高中等,身体健壮,身材匀称。他双肩宽阔,胸膛宽厚,胁腹瘦削,手臂和双腿肌肉发达,他过去能在马上比武场内和摔跤场上与任何参赛者较量,还能赤手空拳击败公牛……他过去能在战场上恪尽将帅与战士之责,经受困乏与风吹日晒之苦,持遍除禁食的一切禁戒。如今,这些个人优势已成往事。他的双手、膝盖和双腿都不听使唤,他只能在一名侍从的扶助下困难地拄拐站立。他的面庞一直极其丑陋……年轻时的浅色头发被岁月染白,剪得整整齐齐,根根竖立;胡须灰白,浓密蓬乱。他的额头宽而

---

① 他更为人熟知的名字是"沉默者"威廉,22岁时,他就统帅了皇帝的一支军队。后来他领导了反抗哈布斯堡家族的荷兰起义。他在1584年被暗杀。

高；他的眼睛是深蓝色的，带有一种庄严且和蔼的感觉。他的鼻子是钩状的，但有些奇怪。他的下半张脸因畸形而出名。继承自勃艮第家人的下唇……很厚重；下颌向下突出得太多，以至于仅剩的牙齿无法咬合，他也无法说出一整句清楚的话。吃东西和说话是他总是非常着迷的事，但这两件事他做起来却一日比一日艰难……

他的儿子腓力二世瘦小纤弱，身高远不到中等，细腿窄胸，因为时常生病而显得畏缩、羞怯……就面部来说，腓力简直像是和父亲从同一个模子里刻出来的；他有着同样的宽额头和蓝眼睛，长着同样呈钩状但协调一些的鼻子。他面部的下半部分重现了显著的勃艮第畸形：厚重的上唇，阔嘴，下颌突出得吓人。他面庞白皙，一头疏松的浅色头发，留着短短的黄色山羊胡。他长着一个佛兰芒人的外表，却有着一副西班牙人的高傲。他在公众面前的举止是沉寂的，甚至有些阴森。与人交谈时，他习惯性地盯着地面，且言辞谨慎、表现窘迫甚至局促不安。这部分是由于他天性高傲（他有时会竭力克制这种高傲），部分是因为经常性的胃疼（这是由他对糕点的无节制喜爱引起的）。

据说查理发表了一篇动人的演说，简要回顾了他身为皇帝的岁月。他说，如果上帝赐予他持久健康的身体，他肯定不会走现在这一步，但既然他年老体衰，他对臣民的情感要求他必须退位。据莫特利的描写，演讲结束后，"他几乎昏倒在座椅上,像个孩子一样抽泣",所有的听众也像他一样啜泣。然后轮到腓力讲话。在几句能勉强听到的西班牙语中,他表达了他不能用法语或佛兰芒语向公众演讲的遗憾,并请阿拉斯主教代他发言。他的听众反响寥寥。

将近一年后,查理五世才起航前往西班牙。他丝毫不想抓住权力不放,相反,他迫不及待地想要引退。实情是,当他高兴地将西班牙的统治权交给腓力——他已经交给腓力一段时间了——时,他依然对儿子管理低地国家的能力毫无把握。腓力的资质连平庸也谈不上;他还是个彻底的西班牙人,而且他最近十分为难地承认,自己没有任何语言天赋。他在英格兰待了一年多,但他完全没有学会英语;他的法语、德语和佛兰芒语也好不了多少,但他的父亲却能流利地使用这些语言。在与德意志新教贵族打交道方面,他也永远不会像查理那般得心应手,但眼下的紧张局势却是灾难性的。另外,即便他能与这些贵族沟通,他也完全不能平等地对待他们:他曾经扬言,哪怕只是与一名异端说话,他的身上也会剧痛。另一方面,一旦腓力获得了更多的经验,低地国家可能就会由他掌管。在过去的大约 25 年间,低地国家被查理的妹妹匈牙利的玛丽(拉约什国王的遗孀)治理得井井有条。但玛丽明确表示,如果她的兄长退位,她也会退位。查理只得再坚持一段时间,直到他可以安心地让腓力接手低地国家为止。至少他的儿子不会继承帝国:斐迪南与马克西米利安在 1555 年秋被正式告知,腓力无意跟随父亲的脚步成为皇帝,并且会在新一轮帝国选举中支持马克西米利安,对此,查理如释重负。

1556年9月13日，查理五世皇帝（他继续保留了这个头衔两年时间，在他去世前不久才得以解除该头衔）终于在法拉盛登上"贝特多纳"号前往西班牙。这幅图景无疑是虚构的：疲惫的年迈君主尽弃所有，化作无名之辈，退隐至一座偏远的修道院里。在威尔第的歌剧《唐·卡洛斯》的最后一幕中，年迈的修士——事实上是个幽灵——从月光下查理的坟墓中现身，于是这套幻想完满了。但这仅仅是幻想。1556年春，一份随皇帝退隐的随行人员的清单在布鲁塞尔开列了出来。清单中列出了762人，不过查理最终设法减少到了150人。即便如此，这些人不仅包括秘书和医生，还包括厨师、乐师、理发师、贴身男仆，甚至还有啤酒酿造师。不用说，他也不会住在艰苦的修道院陋室中，而是会搬进一座位于山坡上的宽敞舒适的朝南建筑里，这个住处在几年前就为他准备好了，四周环绕着花园与溪水，风景壮美。[①] 房间内装饰着无价挂毯和绝佳画作（其中有一两幅是提香的作品），以及华丽的家具和艺术品。对查理而言，这里基本就是人间天堂。如果有什么不足，那就是越来越困扰他的痛风，疼痛发作时，他只能坐着担架或轿子在修道院活动。在这些时候，查理会提醒照顾他的人一句西班牙谚语，la gota se

---

[①] 虽然我承认我从未到过那里，但我是这么推断的。修道院的主体建筑在半岛战争中被烧成灰烬，但皇帝的住所保留了下来。据说圣保罗修会的修士欢迎访客。这个修会的名字源于最早的基督徒隐士底比斯的圣保罗，而——感谢上帝——不是教皇保罗四世。

cura tapando la boca，意思是"管住口，痛风走"，也就是说要节制饮食，但他的实际行动却恰恰相反。查理在年轻时的苦行岁月已然远去：如众人所见的一般，他现在已经成了一个美食家和贪吃者，而且是一个酒徒，他的头像马一样。唐·路易斯·门德斯·基哈达忠心耿耿地侍奉了查理34年，从未离开一步。他在书信中时常会抱怨他的手下为了寻找皇帝想吃的珍馐而大费周折，因为皇帝要求的不仅是数量，还有质量：牡蛎、凤尾鱼、鳗鱼、松鸡、西班牙辣香肠，所有这些都加重了他的痛风，或者是加重了同样给他带来无尽痛苦的痔疮。

查理的大部分侍从对这所修道院深恶痛绝：基哈达说，这个地方极其孤独，只有一个决心脱离现世的人才能忍受这个地方。但查理很喜欢这里。这么多年来，他都没有如此称心快意过；唯一的遗憾是他没能早些到这里来。他现在最盼望的是抛下一直沉重地压在自己肩头的皇帝头衔。他不能自行解除皇帝头衔，因为他是由七位选帝侯选举出来的，只有他们才能解除他的头衔。危机也会随之而来。尤其是一贯厌恶哈布斯堡家族的教皇保罗，他随时可能严厉声讨查理的弟弟斐迪南（他已准备好继承查理的皇位），理由是斐迪南的儿子马克西米利安是个不折不扣的新教徒（这恰是实情）。但解除皇帝头衔的工作已经在进行当中。1558年4月27日，查理被告知，选帝侯已经卸下了他的最后一把枷锁；斐迪南现在接替他成为皇帝。①

---

① 斐迪南不需要选举，因为他已经在1531年被选为罗马人的国王（皇帝的法定继承者）。

查理立刻下令刻制新图章，上面只有他的名字和西班牙、勃艮第的盾徽。据说，他甚至让别人称他为"卡洛斯修士"，但我们无从知晓他的侍从们是否敢于照这个提议称呼他。

无论他是不是卡洛斯修士，曾多年身居权力中心的他无法抑制对外部世界的关注。他在尤斯特待了不到两个月，他的好友鲁伊·戈麦斯[①]就来告诉他，腓力计划在来年夏天大举进攻法国，并且捎来了一封腓力恳请父亲前去与他一同完成此事的信。查理自然拒绝了。一想到要长途跋涉到低地国家，尤其是他不得不坐着轿子前往，他就不愿多加考虑。但当他在1558年2月听闻加来失守后，基哈达告诉我们，"他（查理）从未感到这么痛苦"。当时还有其他打击。查理一直认为他深爱的西班牙不会受到新教的玷污，但就在他解脱了帝国责任的那一天，有人告诉他在巴利亚多利德发现了一个路德派的隐士小屋。一位传记作者把这件事描述成"他遭到的最沉重的打击之一"，这似乎有些让人难以相信（夸大其词的倾向似乎在王室侍从中非常盛行），但查理肯定发怒了，并命令他的女儿胡安娜——她在她的哥哥腓力不在佛兰德斯期间担任摄政——不计代价地根除王国内的异端。

不过，1557年9月却出现了几件好事：他的姐姐埃莉诺（弗朗索瓦一世国王的遗孀）和妹妹匈牙利的玛丽的定期访问。她们如今居住在哈兰迪利亚，离此不远。埃莉诺在1558年去

[①] "这是一个有着南欧外貌的人，他有墨黑色的头发和胡须，闪闪发亮的眼睛，一张敷了很多面霜的苍白脸庞，纤瘦但好看的身躯"（莫特利）。

世，查理和玛丽对此深感悲痛，他们一直真挚地爱着他们平庸、有些乏味的姐姐。但五个月后，又有一件令人兴味盎然的事。在过去四年里，查理的私生子（现年11岁，那时被称为热罗尼莫）一直由基哈达无所出的妻子唐娜·玛格达莱娜抚养，1558年7月，玛格达莱娜带他来到尤斯特。他从未被父亲正式承认过，但查理在他的遗嘱中为热罗尼莫写了一份专门的遗嘱附录。他鼓励这个男孩就圣职。如果查理再多活13年，他会欣喜若狂地看到他（作为奥地利的唐·胡安）在勒班陀指挥神圣同盟的海军彻底摧毁土耳其舰队，那是海战史上最伟大的海战之一。在极度痛苦的三周后，1558年9月21日星期日凌晨2点，查理离开人世，时年59岁。他不是死于从中年起就困扰他的痛风，而是死于在西班牙的酷暑中感染的热病。

在神圣罗马帝国1000年的历史上，没有哪位皇帝比查理五世更兢兢业业，也没有哪位比他对基督教世界更加重要。他的价值观念与我们不同：对他而言，基督教是世界上最重要的事，目睹他深爱的教会被马丁·路德及其追随者和亨利八世国王接连分裂，他痛彻心扉。他沿着唯一可能实现的方向——在罗马教皇的领导之下——拼命重新统一教会。他知道罗马迫切需要改革，他在与前后七任教皇的谈话与通信中不停地强调这个事实。而这几位教皇都坚决反对这个想法，但查理也知道，这些教皇都远远没有他们应有的素养。克雷芒七世是个噩梦，保罗四世更糟；在他看来，还说得过去的教皇只有在位一年的阿德里安和在位三周的马塞勒斯，但他们二人也不太具备完成这项使命的资质。但是如果教皇不称职，那么就意味着其他人必须加倍努力；如果这继而意味着一些信奉异端者不得不受火刑，那么他们就必须受火刑。

查理的一位传记作家将他描绘成一个军事天才。这似乎没什么根据，但他拥有作为将领的两个出众品质：胆气过人、体恤下属。他的勇气不仅体现在战斗中，也体现在那种让他在遭受痛风侵扰时仍天天骑在马背上的惊人毅力，而且他一句怨言都没有，有时，他必须要靠系在马鞍上的带子固定住他的腿才能骑马，甚至在这种时候他还在坚持。没有得过痛风的人根本无从体会痛风带来的巨大折磨。① 他手下的士兵非常热爱、崇敬他，所有跟他接触过的人几乎都是这样。他们爱查理的个人魅力、他的仁慈以及幽默感（在那个年代这种特质可能十分少见）。还有他对艺术的欣赏，比如对绘画（有个著名的故事：提香的笔刷掉落在地之后，查理立刻弯腰将其拾起。现在的孩子们不是还在听着这个故事吗？）和音乐（他对音乐有着真挚的热情）的欣赏。甚至他的暴食也激起了很多人的同情。他去世时夙愿未偿，他非常清楚自己不得不留下多少未竟事业。但他明白（远比大多数人懂得）美好和欢愉的生活应该是什么样。一旦他有机会，他就享受这种生活。

---

① 尼德兰枢密院的成员布鲁塞尔的菲利贝尔曾在退位典礼的演讲中这样描述痛风："这是一个极其残忍的刽子手，它蔓延全身，从头顶到脚底，不放过身体的任何一处。它刺痛神经，沁骨入髓，把关节处的滑液变成粉末；它无休无止，直到它让全身疲弱不堪，让所有必要的官能通通失效，用无穷的折磨征服心智。"

欧洲西部的面貌正在急剧变化。查理刚刚过世八个星期，英格兰女王玛丽也去世了，她同父异母的妹妹伊丽莎白继承了她的王位。1559年7月，亨利二世国王受了重伤；8月，可憎的教皇保罗四世去世，无人为其惋惜；圣诞节那天，乔瓦尼·美第奇当选为教皇庇护四世。1560年，亨利的继承人弗朗索瓦二世——苏格兰女王玛丽的丈夫——在他17岁生日前一个月去世，王位留给了他的弟弟查理九世。

除了教皇保罗四世去世，1559年还有一个好消息，那就是《卡托-康布雷齐和约》在4月缔结。得益于萨伏依家族的慷慨相助，西班牙沉重打击了法国。萨伏依家族是欧洲最古老的统治家族之一，在1003年创立；①16世纪中叶，萨伏依领地包括现今意大利的皮埃蒙特地区和法国的萨瓦省、上萨瓦省，以尚贝里为都。②此前一切风平浪静，直到弗朗索瓦在1536年入侵并占领萨伏依；"好人"卡洛三世公爵和他的儿子伊曼纽尔·菲利贝托——他在1553年继承其父的公爵之位——随后被流放，因而成了查理五世的热情盟友。③这份和约（亨利二

---

① 萨伏依家族成员在不同时期有过多个头衔：西西里国王、撒丁岛国王、克罗地亚国王、西班牙国王、塞浦路斯国王、亚美尼亚国王、耶路撒冷国王和埃塞俄比亚皇帝。从意大利在1861年3月统一至1946年6月意大利转为一个共和国，这个家族出过四位意大利国王。
② 1563年迁都都灵。
③ 卡洛三世和查理五世是连襟，他们分别娶了葡萄牙公主比阿特丽克斯和伊莎贝拉。

世和腓力各自委托代表签署了这个条约）归还了萨伏依家族的全部原有领土，而且亨利宣布放弃在意大利的更多所有权主张。这意味着腓力直接控制着米兰、那不勒斯、西西里和撒丁岛；这也意味着意大利真正独立的国家只有萨伏依和威尼斯共和国。另一方面，法国收回了之前被劫掠的圣康坦，并留下了加来。可以想到，英国人对这后一项条款十分恼火，但他们无计可施。这份和约以亨利把自己的妹妹贝里女公爵玛格丽特嫁给伊曼纽尔·菲利贝托作为保证。玛格丽特现年36岁，一个同时代人把她描述成"一个教养良好、思维敏捷的未婚女士"。

不幸的是，由于亨利国王出了马上比武事故，并在几天后去世，婚礼活动笼罩着惨淡愁云。就在亨利丧失意识之前，因为他非常担心伊曼纽尔·菲利贝托会借他去世之机背叛盟约，亨利下令这场婚礼必须立刻举行。在巴黎圣母院举办隆重仪式的计划被放弃了。这对新人于午夜时分在一座小教堂内举行了结婚仪式，这座教堂离国王的病榻不远。新娘的嫂子凯瑟琳·德·美第奇王后坐得离其他人很远，她让自己的眼泪肆意流下。

既然欧洲现在实现了和平，至少暂时如此，腓力在1559年夏决定，是时候与土耳其人交手了。他的目标是的黎波里，这是整个巴巴里海岸海盗活动最难对付的中心。他与西西里总督梅迪纳塞利公爵商议，并任命他为此次远征的最高统帅。他也与圣约翰骑士团大团长让·帕里索·德·拉瓦莱特商议过，大团长明显希望夺回骑士团在八年前落于土耳其人之手的城市。在接下来的六个月中，腓力集结了一支约由百艘舰船组成的舰队，其中包括 53 艘加莱桨帆船，还有来自意大利、西班牙和德意志的军队。他的计划是一场突然袭击。但如果他从他的父亲于 1541 年在阿尔及尔的失败中吸取了教训，他就应该知道，冬季在地中海发动大规模征伐并非明智之举。这支舰队五次从它在马耳他的基地推进到海上，五次被吹回港口。宝贵的六个星期就这样过去了，2000 人死于这种或那种疾病。

春天到来了，天气也随之好转。这支舰队现在不仅得到了教皇的增援，令人也许吃惊的是，还得到了法国部队的增援。舰队起航了，不是朝着的黎波里进发，而是朝着突尼斯沿海的杰尔巴岛，梅迪纳塞利公爵将此处选为一个行动基地。舰队没费什么力气就占领了它。但在 5 月 11 日，年轻的海军司令皮亚莱帕夏率领一支由 86 艘船组成的土耳其舰队出现在海面上。皮亚莱帕夏得到了海盗首领克勒奇·阿里的提醒，仅用 20 天就从伊斯坦布尔来到这里，打破了所有纪录。基督徒大惊，而且对手兵力远超他们自己的兵力，他们只能望风而逃。随着土耳其人大开杀戒，大规模的恐慌接踵而来。20 艘加莱桨帆船和 27 艘运输船被击沉，18000 名士兵被杀或被淹死。皮亚莱带着 5000 名俘虏得胜回到伊斯坦布尔，他的舰船拖着现在没了舵和桅杆的敌军船体。接着，全城举办了盛大的胜利游行，欢呼的人群沿街而行，被俘的将领和指挥官走在最后。苏丹在一个装饰隆重的平台上接受敬礼。根据大使德比斯贝克的描述，苏丹的表情十分肃穆凝重，以至于"人们会以为这场胜利没有触动他，而且没有什么新鲜事或意料之外的事发生过"。不过，他对皮亚莱非常赞赏，因此他把自己的一个孙女嫁给了他。

苏莱曼现在66岁,已经在位40年。他的身体仍然不错,但他躲不过衰老,而且他现在越来越担心王位继承问题。穆斯塔法已死,但苏丹两个活着的儿子巴耶济德和塞利姆却争斗不休,而且因为罗克塞拉娜已经在1558年去世,不再有母亲来管束他们。不久后,他们的争斗上升为公开的战斗,1559年5月31日塞利姆在科尼亚城外与他的弟弟交锋,并彻底打败了他。巴耶济德带着他的五个儿子和一小支军队逃往波斯,准备继续战斗。沙阿塔赫玛斯普一世热情接待了他。但塞利姆很快就让苏莱曼相信,巴耶济德是个正在谋划篡位的叛国贼,于是苏莱曼派遣使节前去会见沙阿,要求沙阿处死这位年轻的皇子。最终,1561年9月25日,一个土耳其刽子手完成了这次处决。现在,塞利姆是奥斯曼帝国唯一在世的继承人了。

人们会想,平素如此慎重又精明的苏丹怎么会两度被人劝着——第一次被他的妻子,第二次被他的一个孩子——杀死了两个最有才干而且是仅有的两个可以继承其事业的儿子呢?也许所有专制君主都有些偏执,他们惯于想象那些根本不存在的阴谋和共谋。也许他们还十分沉醉于自己的权力,以至于他们不去考虑也不敢考虑他们不在位时他们的国家的未来。这一点似乎尤其体现在没有明确继承人的独裁者身上。这些君主几乎都没有为保障王位顺利继承付出过努力。(简而言之,年迈专制君主秉持的"我死之后哪管什么洪水滔天"的想法也许比我们认为的常见得多。)苏莱曼还会再活五年。他将他的一生贡献给了几乎不间断的征战,只为一个目的:扩大帝国的版图和权力。他是多么思虑周全、多么头脑清醒,他怎么可能处心积虑地将帝国传给一个酒徒、一个在 36 位奥斯曼苏丹中最扶不起的人呢?

在 1560 年之后的五年,地中海东部和中部相对平静。海军舰队之间间歇性的骚扰不可避免,但没有大规模的交战。在土耳其人看来,圣约翰骑士团此时是最顽固的闹事者,他们现在采取了彻底的海盗策略,伏击所有他们能找到的前往麦加附近港口的穆斯林朝圣船只,在索取重金后才让这些船只继续上路。当骑士团截下一艘向帝国后宫送货的船只并要求这艘船把货物卸在马耳他的消息传来时,奥斯曼宫廷更加群情激愤。我们不清楚是否这些货物中有专门送给苏丹的女儿米赫丽玛赫的东西,但她似乎努力劝说父亲,这样的暴行不能再容忍了。

1564 年,苏丹庆祝了他的 70 岁生日。他于 1522 年夺取了罗得岛,自此之后他有足够多的时间懊悔于自己对骑士团的宽大处理。他授予了他们在这座岛屿的安全通行许可,仅仅要求他们承诺永远不再与他兵戎相见。但从未有哪个承诺被这么公然和频繁地打破。骑士团已经在他们的新家定居了 35 年,他们开始变得和以前一样难缠。现在明显该把他们驱逐出马耳他了,就像他当初把他们驱逐出罗得岛一样。还有另一个原因。马耳他地处地中海中部的关键位置,是土耳其控制的的黎波里与西班牙的腓力统治的西西里岛之间的一块天然垫脚石。

一旦马耳他落入苏丹手中，它将成为征服那座梦寐以求的岛屿的理想跳板，在此之后，土耳其人登陆意大利南部将如同日夜交替一样稳妥。

查理五世在1530年让骑士团使用马耳他时就已充分认识到了这一点。在自己不损兵折将就能防护通往帝国的南部通道方面，还有什么更好的方法吗？骑士团确实一开始兴致不高，他们在六年前就已经考虑过搬到马耳他的可能性，并派了八名专员前去勘察马耳他的环境。专员们汇报：

> 这座岛屿只是一个由被称为凝灰岩的软质砂岩组成的巨石，六七里格长，三四里格宽；[①] 巨石上的土层厚度不过三四英尺（约0.9到1.2米）。岛上岩石密布，非常不适合种植谷物和其他作物。但这里出产大量无花果、甜瓜和其他水果。该岛的主要贸易商品包括蜂蜜、棉花和莳萝籽。当地居民用这些商品换粮食。除了在岛屿中部的几处泉水，岛上没有流动水，甚至也没有水井，因此当地居民用水箱蓄积雨水。木材非常稀缺，因而要按磅售卖，当地居民只能用晒干的牛粪或蓟草烧火做饭。

显然马耳他岛本身不是一座能抵御围攻的岛屿。但是它有三个引以为豪的优势：取之不尽的温润蜜色建筑石料，采石

[①] 岛上实际上是硬砂岩，岛屿的面积大约为18英里×9英里（约29千米×约14千米）。

工、建筑工人、石匠和雕刻师的优良传统,可能是世界上最令人惊异的天然锚地。直到今天,无论是从驶入大港的船上眺望还是在瓦莱塔的高处俯瞰,人们看到大港的第一眼总是觉得摄人心魄。无疑,正是这处锚地让漂泊了八年的骑士团最终决定接受皇帝提出的长期租约。

骑士团永远不会忘记,他们首先是医院骑士团的成员;五个世纪以来,照顾病患一直是他们存在的理由。刚在比尔古(今维托里奥萨)安顿下来,他们就开始建造医院。[①]与瓦莱塔隔大港相望的有两个狭长的海岬,比尔古位于其中偏北的那一个海岬上。他们之前在罗得岛的医院曾饮誉整个基督教世界,接治过西方世界各个国家的病患,因此骑士团决心在马耳他的类似机构一定要享有同样的名声。这个愿景很快就实现了。他们的第二件要事是防卫工作:加强他们的优良港口和海军的防御力量。在一个树木稀疏的岛屿上建造船只显然并不容易。不过,骑士团利用从西西里运来的大量木材,在随后的30年间逐渐打造了一支规模可观的舰队,到1560年,其海军实力几乎与过去在罗得岛时相当。幸好如此;当骑士团首次接到苏莱曼即将发兵的报告时,他们的海军至少已经事先准备好了。

当然,他们没有对自己面临的危险心存幻想。因为没有大规模援军,骑士团知道他们的士兵人数和船只数量都远不及奥斯曼帝国,而且他们不可能从贫瘠且多石的土地上获取大量物

[①] 这第一座医院如今依然矗立在圣斯科拉斯提卡街。它现在是一所本笃会女修道院。

资。但他们也知道,这种土质对一支围攻大军来说更加荒凉。地理位置也对骑士团有利。罗得岛距土耳其海岸仅10英里,马耳他距土耳其海岸却有将近1000英里(约1609千米)。侵略者也许会从北非调度一些给养,但很明显,苏丹即将向他们派出的部队还是不得不始终主要依靠自给。难怪有人说苏莱曼的入侵舰队是在外海上航行的最大舰队之一。这支舰队不仅载着苏莱曼的大约4万名士兵及其马匹、大炮、军火、围城设备和军用物资,还载着食物、水,甚至还有做饭用的燃料。这支舰队由200多艘船只组成,包括130艘加莱桨帆船、30艘加莱赛战船①和11艘桶形商船(它们如盖伦帆船一样完全依靠风帆)。其余的是小一些的各种船只,多为三桅帆船和快速帆船。让船只数量再增加的,是如秃鹫一样在周围盘旋的私掠船,但它们不在官方远征军之列。

1557年,63岁的让·帕里索·德·拉瓦莱特(差不多与苏莱曼同岁)当选为圣约翰骑士团的第48任大团长。拉瓦莱特是加斯科涅人,据说他年轻时仪表出众,还能自如地使用多种语言,包括意大利语、西班牙语、希腊语、土耳其语和阿拉伯语。他也是基督教信仰的坚定守护者。他曾在28岁时作为一名年轻的骑士团成员参加罗得岛包围战;后来他被俘虏,当了一年的土耳其桨帆船奴隶。他对骑士团事务一心一意,是一个"能力足以让一个新教徒转变信仰或者足以统治一个王国"的

---

① 加莱赛战船或许可以被形容为一种加莱桨帆船和盖伦帆船之间的混合物。这种船是按照运送货物的目的进行设计的,主要依靠风帆行进,也配备了桨和火炮。

人。他兼具信仰、力量、领导力和铁纪。在未来的几个月中，他会需要所有这些要素。

不用说，骑士团在伊斯坦布尔有自己的探子。当苏丹开始他的准备工作时，骑士团也同其他人一样立刻得知了这一消息。刚一当选大团长，拉瓦莱特就让马耳他所有体格健全的男子全力备战。他请求在基督教欧洲各地的骑士团辖区派出人力和物力支援。即便如此，围城开始时，他仅有大约540名骑士及其武装随从，再加上大概1000名西班牙步兵和火绳枪兵以及大约4000名马耳他当地民兵。他也从西西里订购了紧急粮食补给，从法国和西班牙订购了更多的武器和军火。他所有的水箱都满贮着水，而且在围城之时到来时，他会用动物尸体污染马尔萨——这是在大港远端的一个低洼地带，他知道任何围城大军都肯定会把这里作为主要的水源地——的水源，对此他不会有任何负疚之感。

～

1565年5月18日，奥斯曼舰队浩浩荡荡地出现在海面上。考虑到自己的年龄，苏丹遗憾地决定这次无法像40年前攻打罗得岛那样亲自指挥舰队。他将指挥权一分为二，海军由皮亚莱负责，陆军由自己的妹夫老将穆斯塔法帕夏负责。结果证明，这是一个灾难性的决定。他们两个互相敌视，皮亚莱公开侮辱穆斯塔法的军事技术，穆斯塔法则非常嫉妒这个年轻人的成就以及苏丹对他的器重。

大港明显防守牢固，因而在此登陆是不可能的。皮亚莱最终选择了马耳他岛南端的马尔萨·斯洛克（今马尔萨什洛克港），这个港口与北部的比尔古相距大约5英里（约8千米）。骑士团没有出手阻拦他。他们知道，在外海上，甚至在滩头阵地上，他们都基本无法抗击规模如此之大的军队。他们只能寄希望于他们的防御工事，除非十分必要，否则他们不打算从防御工事中出来。登陆后，土耳其人立刻朝城市进发，并在马尔萨附近的高处扎营，他们从那里可以俯瞰整个锚地。展现在他们面前的，是那道通向外海的长长的主水道，三道小海湾深入右侧，左侧是希伯拉斯山的长长山脊，而瓦莱塔现在就矗立在这座山上。在大港最远的海岬上，有着严密设防的圣艾摩堡垒的高耸城墙，这个堡垒是骑士团两座最宏伟的多面堡之一，它守卫着大港的入口。

如果皮亚莱选择让他的舰队留在南部（舰队会在那里安全度过夏天），圣艾摩堡垒就不会让土耳其人那么挂心了。他本应那么选择，然而，他决定将他的船只带到东北部海岸，并驶入位于希伯拉斯山北侧的马尔萨姆特湾。这会提供更佳庇护，但这一决定让皮亚莱与穆斯塔法再次产生严重分歧。这么做也会让船只在那座巨大堡垒的枪口下航行，结果造成的损失此后会成为最重要的问题。

在粗略审视了圣艾摩堡垒之后，土耳其人认为，作为一座相当传统的星形堡垒，它或许不会太难对付。最主要的困难是沿着希伯拉斯山山脊牵引重炮近2英里（约3.2千米），那里处于比尔古海岬和港口对面的森格莱阿海岬的射程之内。在这里挖壕沟是不可能的，因为挖不了几英寸，坑道兵的铁锹就会碰到坚硬的岩石。因此，如果要保护那些把大炮推上山坡并且沿着山脊拖动大炮的士兵，唯一的方法是建造大规模土木工事，这意味着要从马尔萨运来大量土料。所有这些消耗了苏丹大部分军队的精力，这给拉瓦莱特和他的手下提供了宝贵的喘息机会，他们此前一直在夜以继日地加固另一座大型多面堡，即位于比尔古另一端的圣安杰洛堡垒。

5月23日，对圣艾摩的攻打从东侧开始。轰炸日夜无休。几天后，最负盛名的奥斯曼指挥官来到马耳他。基督徒称他为德拉古特，但他的同胞称他为图尔古特·雷斯。图尔古特早年在巴巴罗萨手下当海盗，1546年巴巴罗萨去世后，图尔古特接替他成为奥斯曼海军的最高指挥官。他在1547年7月已经指挥劫掠过马耳他，当时他对马耳他造成了相当大的破坏。现在，在他80岁时，他亲自指挥了马耳他之围，他在圣艾摩堡垒的北部和南部设立了新的炮位，此后这座堡垒立即遭受来自三个方向的不懈炮击。到月底，城墙显露出即将倾颓的迹象。每天晚上，从圣安杰洛而来的小船会在夜幕掩护下悄悄划过大港的入口，给驻防军带来增兵和补给，然后把伤员带回在比尔古的医院。幸亏有他们，这座堡垒才一直守了下来。但一天晚上，一条返航的小船上载着与之前不同的人。他们是守军的代表团，此行是要去告诉大团长他们再也撑不下去了。拉瓦莱特冷峻地看着他们，回答说如果他们不准备继续防守圣艾摩，他可以找其他愿意防守的人代替他们，而他自己将亲自带领这群人。代表团羞愧地返回了自己的岗位。这座堡垒也许会被毁灭,但绝对不会投降。

不管怎样,圣艾摩堡垒共坚守了31天。当土耳其人终于在6月23日冲入堡垒时,150余名守军中只有大约60人还活着。除了9个人,其余的幸存者都被斩首,他们的尸体被钉在木十字架上(以嘲弄基督受难),经大港入口漂浮到圣安杰洛堡垒下面的水域。拉瓦莱特看到这些尸体后,毫不犹豫地下令立刻处决所有土耳其俘虏。他们的头颅被装进高处堡垒的两门大炮的后膛,然后被射回了圣艾摩堡垒的废墟中。这个做法传达的信息十分明确。自此之后,求饶和宽恕都无可能。

土耳其人已经达成了他们的第一个目标。然而,他们实现这个目标的代价是宝贵夏季的近一个月时间和大约8000名精锐兵将,这些人几乎是整支大军的四分之一。老德拉古特也在阵亡将士之列,他在圣艾摩之围的最后阶段被炮弹击中。据说,穆斯塔法帕夏曾站在废墟中,一直盯着夏日时节港口上方蒸腾而上的薄雾。"如果这么小的一个儿子就让我们付出了如此高昂的代价,"他喃喃自语,"那么我们为了老子又该付出多少?"

当然,这个老子指的就是圣安杰洛堡垒。在它后面是骑士团的驻防城市比尔古海岬。在西南侧的狭窄水湾的另一边,是邻近的森格莱阿海岬。圣约翰骑士团正是依赖这两个平行的半岛的防卫来求生,而它们现在已经完全被奥斯曼军队包围了。这两座半岛通过海湾(现在称为船坞湾)上的一座脆弱小桥和一道横跨在海湾入口处的铁链连接。在向陆的一端,一排木栅栏已经竖立在泥泞的泥地上。然而,在圣艾摩堡垒陷落后,大港的入口就再也封不住了：土耳其船只现在可以长驱直入，只有圣安杰洛的火炮能略加阻拦。

但守军也有些许安慰。为了进入在森格莱阿和比尔古以南的新阵地，土耳其人必须把他们所有的重炮、军火和补给沿着希伯拉斯山拖回，然后顶着马耳他的酷暑，在大港附近沿着4英里多的崎岖小路拖动它们。而且，就在圣艾摩堡垒陷落当天，发自西西里的船只载着援兵成功登陆，援兵共有1000人左右，其中有42名是来自欧洲北部的骑士团成员。一周后，这些船只趁着晚上航行至现在被称为卡坎拉的地方，此处位于比尔古东北侧的海湾的远端。援军的到来和他们避开土耳其军队的奇迹，使守军士气大增。

但艰难的日子还在继续。7月中旬，一场对森格莱阿的联合进攻从海上发起。但当地马耳他人的勇气挫败了这场进攻，这些游泳好手将土耳其人从船上扯下，同他们在水中肉搏。一门暗藏的大炮结束了这场战斗。弗朗西斯科·巴尔比·迪柯勒乔是一名隶属于西班牙军队的意大利炮手，他后来写了一份关于包围战的精彩亲历记录，他在8月7日写道：

> 总攻——8000兵力在圣米迦勒堡垒[①]，4000兵力在卡斯蒂利亚港……但当他们离开他们的壕沟时，我们已经各就各位，火圈已经点着，沥青已经烧热……当他们攀爬墙体时，我们已经恭候多时。攻城持续了9小时，从破晓一

---

① 这是离圣安杰洛不远的另一座小堡垒。

直到午后，在这期间，土耳其人因十多次增兵而减轻了负担，而我们用兑水的葡萄酒和几口面包补充体力……胜利再次属于我们……虽然我们因为受伤或疲劳而无人能够站立。

但是很明显，土耳其军队此时也兵疲意阻、暑热难耐。食物短缺，饮用水更短缺，因为除了骑士团之前故意用来污染马尔萨水井的动物尸体，现在大量土耳其士兵的尸体也开始污染水井。到8月底，痢疾在奥斯曼营中肆虐，病患在烈日下被抬到临时搭建的病号帐篷，数百人死在里面。土耳其人也知道，很快就要到二分点风暴到来的时节，紧接着会是第一场冬季风暴。穆斯塔法帕夏准备在必要的情况下在岛上过冬，希望把被围困者饿死，而皮亚莱却不听。他争辩说，他的海军比穆斯塔法的陆军更重要，他不会在没有充足维护设施的情况下让他的船只冒险过冬。他最迟会让舰队在9月中旬撤回；陆军的去留随意，但他们只能独自留守。

如果苏莱曼的军队留在这里，骑士团在现有状态下能否坚持得住确实是个疑问。但在9月7日，增援来了，即西西里的西班牙总督派来的援军。尽管有前所未有的猛烈风暴，援军设法从墨西拿出发了。这9000名援兵远远低于拉瓦莱特期望的人数，但他们足够了。穆斯塔法不再犹豫。突然之间，枪炮停火，喧闹平息，马耳他岛上不再有浓烟，只有奥斯曼士兵——曾经耀武扬威的奥斯曼大军仅剩四分之一多一点——在踉跄赶回焦急等待的船只上时留下的飞扬尘土。

但这些基督徒也承受了巨大的损失。250 名骑士团成员死亡，幸存者差不多都受了伤或者身有残疾。比尔古城简直没有一处完整的墙体；因为它从各个方向都易受到炮火攻击，所以它在战略位置上是一个灾难。因为这个原因，当年老的拉瓦莱特蹒跚着前去放下新都的第一块石头时，他没有选在旧都的废墟上，而是选在了对面希伯拉斯山上俯瞰大港的高处。这座城市以他的名字（Valette）命名为瓦莱塔（Valletta），① 而他完全受得起这份荣誉。三年后，1568 年 8 月 21 日，拉瓦莱特去世了。他的秘书奥利弗·斯塔基爵士是马耳他之围中唯一一名始终站在他这边的英国人。斯塔基为他撰写了拉丁语墓志铭，这段话至今仍可见于圣约翰大教堂。译文如下：

> 享有永恒荣誉的拉瓦莱特在此长眠。他曾是惩罚非洲和亚洲的长鞭，当他以他的圣剑之威驱逐野蛮人时，他是欧洲的盾牌。他是第一个埋葬在这座备受热爱的城市的人，也是这座城市的建造者。

新城市建造的第一批建筑当中当然有医院。像之前在比尔古的医院一样，它耸立至今，但它是按照更加雄伟的规模设计的：长 155 米的大病房是欧洲最长的悬顶大厅。到 1700 年，这所医院可以容纳将近 1000 名病患，它的墙上冬季挂着羊毛

---

① 似乎没有人知道为什么多出一个"l"。

壁毯，夏季挂着马蒂亚·普雷蒂的帆布油画。① 医院明亮、宽敞、空气清新，骑士团成员在这些方面总是尽心尽责，在16和17世纪的医务人员中差不多只有他们这么做。而且，当时的其他医院通常用满是各种细菌的木质大浅盘给病人盛饭，而骑士团用银质盘子和杯子，因此——或许在无意中——大大降低了感染风险。所有器皿都被细心编号，边缘带有圣灵图案。此外，骑士团明白护理的价值；无论资历深浅，所有骑士团成员都会在病房中轮流值班，大团长自己在每周五值班。对于"我们的病患大人"（他们总是这样描述他们的病人），只有最好的才够给他们使用。

苏莱曼听闻马耳他的灾难后说："如果只有我自己，军队一定会胜利！"他这么说一点不假。他的舰队几乎毫发未损，但是他折去了两万多名士兵，也可能是这个数字的两倍左右。如果像在1522年在罗得岛那样只设一名指挥官，就不会有皮亚莱和穆斯塔法之间的严重内耗；他的最高权威和他出众的将才本来很有可能扭转局面。苏莱曼的第一反应是发誓来年春天亲自率军远征马耳他，但他肯定是再三考虑了这个主意：他已经非常年迈，此程距离过于遥远，而且后勤问题现在几乎无法

---

① 马蒂亚·普雷蒂（1613—1699年）是那不勒斯画派画家，他在马耳他度过了他最后的38年。

解决。于是他转而决定再次发兵征讨匈牙利和奥地利。

苏莱曼对哈布斯堡家族的敌意从未真正消散。16世纪50年代初,斐迪南大公试图占领特兰西瓦尼亚,但失败了。虽然伊莎贝拉和她年幼的儿子亚诺什·西吉斯蒙德在奥斯曼的宗主权下继续统治特兰西瓦尼亚,但实际权力掌握在"伊日神父"马丁努齐手中。马丁努齐是一名克罗地亚修士,后来成了主教、枢机主教,他曾任亚诺什·佐波尧的司库和首席顾问,佐波尧在弥留之际任命他为自己的儿子的正式监护人以及这个王国的摄政。就这一次,双方不可能使用武力;斐迪南仅仅是收买了伊日神父,让他说服伊莎贝拉放弃王位,而斐迪南承诺回馈给他西里西亚的大片土地。不久后,这个消息传到了奥斯曼宫廷,苏莱曼果然勃然大怒。他逮捕了斐迪南的大使,并将他关在七塔城堡中,这位大使被关了两年,获释不久后就去世了。战斗再次爆发,却总是时断时续地进行。谈判一直在拖延,直到双方都不胜其烦;1561年鲁斯坦帕夏过世后,一项有效期八年的和约终于得到批准。

三年后,1564年,斐迪南去世,他的儿子马克西米利安二世继位为皇帝。这一次也不需要选举。马克西米利安已经在1562年被选为罗马人的国王,他的继位是必然的事。因此他差不多是立即着手攻打特兰西瓦尼亚。毕竟作为皇帝,他的首要职责不就是消灭基督教世界的敌人吗?苏莱曼此时早过了壮年,年老体衰,而且传言他疾病缠身。此外,特兰西瓦尼亚与伊斯坦布尔相距甚远。现在当然是出击的时机。但马克西米利安不得不向他发出什么样部队呢?查理五世的大使吉斯兰·德比斯贝克遗憾地写道：

> 我们的士兵勇气匮乏；他们拒绝遵令，对任务和使用武器都没有兴趣。至于我们的将领，他们大多数都是贪婪卑鄙、利欲熏心之辈。其他人则莽撞冲动，无视纪律；很多人纵情酒色……有这样的兵将，我们未来的命运还有什么疑问吗？

我们无法确定马克西米利安是否对当前的局面持有同样悲观的态度，但他肯定不会因为这种局面改变主意。他召集了大约4万人，让他们去对抗亚诺什·西吉斯蒙德（伊莎贝拉已在1559年去世），起初他们取得了一些胜利。但土耳其人立刻反扑，而且苏莱曼觉得他已经受够了。1566年5月1日，苏莱曼在大维齐尔索库鲁·穆罕默德帕夏的陪同下隆重地最后一次离开伊斯坦布尔，他率领了一支估计有30万人的大军，并带有大量重炮。他现在需要的是一场重大胜利，一场会让人忘掉去年的马耳他灾难的胜利。苏丹当然在名义上担任指挥，但他已经无力骑马。他坐着马车完成了到达贝尔格莱德的500英里（约805千米）路程。巴尔干的道路——如果能称之为道路的话——太差，因而这次行程花了他49天；骑马本可以更快，也可以更舒适。而且，苏莱曼和查理皇帝一样，也遭受着痛风的折磨。几乎和他每次征伐时一样，天气糟糕透顶。尽管现在是仲夏时节，但道路被水淹没，桥梁被冲垮。大炮陷在泥地里，许多载着辎重的骆驼被淹死了。

当苏丹终于到达贝尔格莱德时，他想要的只有休息。但他没有得到休息的机会。因为现在典礼开始了。首先是亚诺什·西吉斯蒙德举行的欢迎仪式，然后是极其重要的互换礼物环节：苏莱曼收到了一枚价值5万达克特的红宝石，亚诺什·西吉斯蒙德收到了镶嵌着珠宝的匕首、军刀、马鞍，一匹配有华丽马具的白色军马，以及特兰西瓦尼亚和蒂萨河之间的一大片土地。接着是阅兵、无尽的宴会、视察、晋谒和随处可见的众多君主。所有这些都集中于在贝尔格莱德的这三天，然后大军很快再次启程。

苏丹原本计划出兵艾劳城，因为该城控制着通往特兰西瓦尼亚的通道。但当他还在贝尔格莱德时，他接到了一份报告，据称塞格德领主尼古拉斯·兹里尼伯爵杀死了奥斯曼宫廷中的一位高级官员。这个举动显然应该受到惩罚，苏丹立刻下令朝这个城市进军。天气没有好转，这段路途是另一个噩梦。不过8月5日，苏丹终于到达了塞格德，9万士兵和没有遗弃在泥地中的大炮在那里恭候着他。他竟然有力气跨上了马背，并下令开始围城。然后他去往了自己的大帐。

塞格德之围持续了一月有余。围城刚开始，这座城市就着火了。此后抵抗仅限于该城的堡垒，伯爵在堡垒中坚决地防御。最终，所有外围棱堡都落入土耳其人之手，伯爵和剩下的600名手下被包围在中间的主塔，于是他"就像要赴宴一样"穿上盛装，并指挥他的手下进行英勇但自杀性的最后抵抗。没有几个人活下来；兹里尼自己身负重伤，但他没有因伤而死。他的头被塞进了一门就要开火的土耳其大炮中。这是个不体面的死法，但至少是个痛快的死法。

几个小时之后，苏莱曼向他的大维齐尔低语："获胜的鼓声还没响起。"可是，他注定听不到这鼓声了。1566年9月7日星期六晚上，苏莱曼在自己的大帐中去世，享年71岁，他可能是死于中风，但更有可能是死于心脏病发作。索库鲁迅速做出反应。他意识到，最重要的事是保证皇子塞利姆顺利继位，而此时塞利姆正担任安纳托利亚西部城市屈塔希亚的总督。另一方面，索库鲁也明白，一旦军队——尤其是禁卫军——知晓苏丹驾崩的消息，所有纪律都会荡然无存，营中会出现骚乱。因此他立刻杀掉了知道苏丹离世的少数几个人，甚至包括医生，并且对外宣布，苏丹正受严重痛风的折磨，要他暂掌最高权威。同时，他即刻向塞利姆派出信使，催促他立即赶来塞格德。

索库鲁只把他的秘密告诉了首席掌旗官贾费尔·阿阿。阿阿（他后来娶了索库鲁的女儿）是一个伪造天才，他能完美模仿苏莱曼的签名。将领们继续和平时一样每天接到命令，因而他们没有产生丝毫怀疑；欧洲的君主、波斯的沙阿、克里米亚的可汗和奥斯曼各行省的长官纷纷收到了通报苏莱曼获胜的信件，上面都署有苏莱曼常用的花体字签名。还有一封信送给了布达总督，一同送去的还有兹里尼的头部残骸，信中要求布达总督将这个遗骸送到皇帝马克西米利安手上。为了让军队忙碌起来，索库鲁宣称苏丹下令尽快修复塞格德的防御工事，而且要在城市中心修建一座大型清真寺，苏丹脚部的肿胀好转后，就会到那里做感恩祈祷。

大军一连 43 天都留在营中，全副武装的哨兵一直守在苏丹的大帐外，除了大维齐尔，其他人一概不得入内。终于，索库鲁下令大军开拔，踏上返回伊斯坦布尔的漫长路途。他宣布，苏丹此程会坐着一顶密闭的轿子。史家易卜拉欣·佩切维[①]写道：

> 索库鲁有时会走近宝座，假装向苏丹汇报情况。在他读完报告后，他还会造成一种他在和苏丹讨论报告的假象……很多传言在四处传播，但大维齐尔巧妙地把怀疑一一化解了。没有人清楚他们的君主是否还在人世。

同时，一接到索库鲁的信，塞利姆立刻离开屈塔希亚，他没有在伊斯坦布尔停留，而是马不停蹄地赶去与父亲的丧葬队伍会合。他终于在队伍快到贝尔格莱德时赶上了他们。直到这时，大维齐尔才向全军通告，苏丹确实已经故去了。他把《古兰经》诵经家召到皇室大帐，命令他们诵读适用的祈祷文。正式的葬礼仪式在次日天亮前不久开始。身穿一袭黑衣的塞利姆在日出时出现。他走到安放着父亲遗体的马车旁，默默地向着天空伸出双臂，伊玛目则继续为逝者吟诵祈祷文。这些仪式结束后，塞利姆又回到了自己的帐中。

大军已经在发牢骚。禁卫军和其他军团在苏丹继位时得

---

① 易卜拉欣·佩切维（1572—约 1650 年）是一位奥斯曼行省官员，他退休后成了一名历史学家。他的两卷本奥斯曼帝国史（可惜还未译成英语）是关于 1520 至 1640 年间的历史事件的主要史料。

到"登基礼"是一项存在已久的传统。只有这些礼物分配到位,兵将们才会继续行进,但他们仍然因为赏赐不足而严重不满。等到他们终于到达伊斯坦布尔时,冲突再次爆发。海军总司令卡普丹帕夏和第二维齐尔佩尔泰帕夏这两位高级官员被人从马上拽了下来,然后被打得奄奄一息;索库鲁朝马上要扑上来的士兵抛撒了金币才得以趁机逃走。在经过了一连串的处决并且新苏丹承诺禁卫军的报酬会大幅度增加后,秩序才终于恢复。

苏莱曼的陵墓已经建造妥当。这座陵墓是在他去世那年由他最伟大的建筑师锡南设计的,位于苏莱曼尼耶清真寺后面的小花园里,这座大型清真寺当初是锡南为纪念他而建造的。① 这座清真寺的访客中没有多少人能去找这座陵墓,这很可惜,因为它是一座可爱的小规模建筑,建筑顶部覆有圆屋顶,建筑外立面呈八角形,四周环绕着一道由立柱支撑的迷人拱廊。在这座建筑内部,墙上贴着大量精美的伊兹尼克瓷砖,瓷砖数量是那座大清真寺的瓷砖数的两倍。它唯一的缺点是太挤了,这个问题不能怪锡南。这座陵墓中不仅放有苏莱曼的棺材,以后又放入了他心爱的女儿米赫丽玛赫的棺材,还有苏莱曼二世和艾哈迈德二世这两位后来的苏丹的棺材。罗克塞拉娜幸运一些,她得以独享一座陵墓,就在往东一点的位置。这座陵墓当然比她丈夫的陵墓要小、要简朴,但陵墓里面的瓷砖却更加精细,可以说这比她应得的要好。

---

① 这座清真寺周围的建筑群还包括一座医院、一所医学院、一所小学、四所教授《古兰经》的学校、几个公共浴室和一座为穷人提供食物的公共厨房。

在所有历史名人中，只有两位被冠以"the Magnificent"之名。一位是洛伦佐·德·美第奇，另一位是苏莱曼苏丹。[1] 洛伦佐象征着佛罗伦萨文艺复兴；尽管伊斯兰世界没有发生可与在意大利出现的复兴相较的复兴，但苏莱曼无疑领导了一个黄金时代。苏莱曼在本书第1章第一次出场时，这一点已经简单提及；然而在此之后，他主要是以一个军事将领的形象出现在我们的眼前，现在是时候讲一讲他赐予其臣民的文化礼物了。他鼓励所有艺术形式的创作，只有雕像除外，作为一个虔诚的穆斯林，对此他必须划清界限。另一方面，他鼓励平面绘画，尤其是肖像画艺术。我们现在可以看到很多为他绘制的高超肖像画，提香就至少为他画了五幅肖像画（尽管提香从未见过自己的模特），在巴约讷还有一幅丢勒创作的绝佳素描肖像。据说，不少于30位画家长期在宫廷中工作，他们大多数是细密画画家。

他们的作品当然是完全世俗性的。在基督教世界结出丰硕成果的宗教绘画在这里是被禁止的。对于其他的艺术形式，人们则看法不一。引起分歧的是《古兰经》中的一段话[2]，这段话说安拉是唯一的穆萨维（musavvir），这个词的意思是"创造者"，但在阿拉伯语和土耳其语中这个词有"画家"的意思。那

---

[1] 在使用"the Magnificent"这一称号时，洛伦佐·德·美第奇一般被译为"豪华者"洛伦佐，苏莱曼苏丹一般被译为苏莱曼大帝。——译者注
[2] 第59章第24节。

么，安拉不仅是唯一的创造者，还是唯一的画家吗？在伊斯兰世界的许多地方，这个问题尚无定论，但土耳其人已经达成了一种妥协。所有绘画，无论多么世俗，都不能挂在清真寺或公共区域内。然而，苏丹或其他重要人物的私人房间是另外一回事。这些房间可以挂有肖像画或理想中的风景画；历史性场景或在苏丹面前列队行进的场景尤为流行。爱情场面则通常予以回避。

建筑领域主要由锡南主导。锡南是一个在德夫希尔梅①体制中长大的希腊裔基督徒，他起先是一名军事工程师，修筑桥梁、高架渠和驿站，他以这一职业参加了罗得岛之围、贝尔格莱德战役，当然还有莫哈奇之战。将近50岁时，他被任命为宫廷建筑师。在苏丹充分意识到他的天赋后，他才开始建造令他扬名的众多宗教建筑，如清真寺、宗教学校、医院以及慈善机构。在锡南于1588年以99岁高龄去世前，仅清真寺他就建了146座。

但他建造的所有建筑都是出自宗教或实用目的，这也是他生活的时代的典型表现。苏莱曼的同时代人在欧洲营造的那种宫室和大宅，我们在土耳其世界中根本无法找到。在奥斯曼土地上，从来没有出现过类似枫丹白露宫、舍农索城堡的建筑，没有出现过类似无双宫或埃斯科里亚尔修道院的建筑；苏丹居住的托普卡帕"宫"实际上完全不属于这一类型：它只是一组

---

① 这是一种征调基督徒儿童并使其改宗的常规制度，目的是让他们在苏丹的管理部门或在某个宫廷军团中供职。

亭阁，其中许多是单层的。只有后宫间或设计别具一格的考究装饰。后宫是一个由房间和走廊组成的似乎没有尽头的大迷宫，几个世纪以来它随意地扩建，现在它全无整体规划。众所周知，对居住其中的人而言，它无异于一只镀金的笼子。

接下来是装饰艺术，包括地毯、纺织品和陶瓷制品。在土耳其人仍处于游牧状态、在他们于 11 世纪出现于安纳托利亚之前很久，他们就发展出了地毯艺术。织锦、绸缎和天鹅绒等纺织品大多出产于大马士革、巴格达、布尔萨及伊斯坦布尔，16 世纪时只有伊斯坦布尔的作坊可以使用金线和银线。陶瓷制品包括陶瓷圆盘、花瓶、大口水壶、杯子和灯具，以及装点着成百上千座清真寺内部的瓷砖，后者为清真寺增添了色泽。上品全部来自伊兹尼克（古时的尼西亚）的作坊，这些作坊在 1550 年左右达到发展的巅峰。图案主要是飞禽走兽、花卉水果，常见的图案还有优美的阿拉伯书法，这种书法艺术非常美丽，以至于它可以在清真寺和圣地中作为绘画的完美替代品，因而成了最不同凡响的伊斯兰装饰艺术。

苏莱曼大帝是第十任也是最伟大的奥斯曼苏丹，他是政治家、立法者和艺术赞助者。但他首先是一个战士，而且像我们一般理解的称职战士的理想死法一样，他和他的士兵一道死在战场上。有人认为，他本不应这么固执地盯着欧洲不放，如果他把注意力转向东方，追随亚历山大大帝的步伐，他本可以取得伟大得多的征服成果。凭着庞大的军队和无尽的财富，他本来完全可以战胜与他几乎同时代的巴布尔，后者凭着 1526 年在帕尼帕特取得的胜利在印度北部建立了莫卧儿帝国。实际上，奥斯曼帝国在 1538 年有过一次远征，这次远征甚至曾包围了南亚次大陆西海岸的大型葡萄牙要塞第乌。但此次远征失败了，主要是因为远征指挥官哈德姆·苏莱曼帕夏的愚蠢和无能。他是一个八十多岁的希腊裔阉人，他胖到要靠四个人把他从椅子上抬起来的地步。① 自此之后，苏丹似乎对这一地区失去了兴趣。

苏莱曼的目标依然是欧洲，而他也正是在欧洲去世的。当他在那个 9 月的星期六晚上咽下最后一口气时，奥斯曼帝国开始走向了三个半世纪的持续衰败。

---

① 安德烈·克洛用可嘉许的保守风格写道："他很可能不是理想人选。"

9
值得称颂

Worth Celebrating

苏莱曼在塞格德城外的故去为我们的故事画上了句号。本书介绍的四位君主中，只有他活过了70岁，另外三位甚至没到60岁就去世了，弗朗索瓦去世时是52岁，亨利55岁，查理58岁。不过，如我们所知的那样，16世纪的人寿命较短，而且他们在许多其他方面也与我们不同。举个例子，这三位基督教统治者都被他们的宗教支配着，而且是以今天的我们基本无法想象的方式被支配着。亨利八世将一生中的七年时间用在了与教皇争论他与阿拉贡的凯瑟琳的离婚案上，然后他才最终放弃教皇至高无上性的整个概念并建立英国国教会；总是先被我们当成一个浮夸的文艺复兴式君主的弗朗索瓦一世，早在1523年就在莫贝尔广场用火刑处死异端分子，但在1534年的布告事件之后，迫害变得愈发严重，并最终酿成了持续到世纪末的可怕宗教战争；查理五世拼尽全力对抗宗教改革，徒劳地阻止宗教改革在德意志北部传播，在火刑柱上烧死了许多异端分子，而且在一座西班牙修道院中度过了自己的最后岁月。

苏莱曼是一个穆斯林，他显然不能与另外三位进行比较；许多记录证明了他非常虔诚，无疑，他认真地遵从了做祷告的要求和他的宗教的其他要求，基本就和他所有的穆斯林臣民一样，但值得颂扬的是，伊斯兰教是一种比基督教简单的信仰，比起耶稣基督在几位西方君主日常所思所想中的分量，我们会觉得先知穆罕默德在苏丹日常所思所想中没有那么突出。然而，苏丹拥有弗朗索瓦和查理都明显缺乏、亨利也日渐无法确定的一种品质。这种品质就是包容，这是一种对其他人的信仰发自本能的尊重，一种允许他们保留自己的风俗、传统和崇拜方式的意愿。在苏莱曼的领地上，包容是切实存在的。要是其他几位君主效仿了他的范例，那么欧洲该幸福多少啊。

在其他方面，苏莱曼苏丹也与其他人不同。这三个西方君主通过联姻而联系在了一起。亨利因为阿拉贡的凯瑟琳而成了查理的姨父，亨利的妹妹嫁给了弗朗索瓦的堂叔路易十二，弗朗索瓦是查理的姐夫。而且尽管这三人彼此并不熟悉，但他们至少见过面。查理曾两次到访英国，一次是在1520年5月（而且在一个月后，在金缕地之会刚结束时，查理又在皮卡第与亨利会面），另一次是在1522年夏，这次他在英格兰待了几个星期。查理于1538年7月在艾格莫尔特与弗朗索瓦会面，1539年12月和1540年1月两人又一起穿过法国。亨利和弗朗索瓦在金缕地第一次见面，在1532年第二次见面（与安妮·博林一起）。然而，这三位基督徒君主都没有见过苏莱曼，对他们而言，苏莱曼一直是个有些朦胧的人物。对于亨利来说，苏莱曼确实不太重要。亨利曾说，"比起苏莱曼，我们更应该担心其他人，那个对基督教世界更心怀叵测的人"，暗指英吉利海峡对岸。枢机主教沃尔西表达得更直白，他说，土耳其人太远了，他们根本影响不到英格兰。

另一方面，皇帝和法国国王都不可能长时间无视苏莱曼。苏丹对神圣罗马帝国的东部边境持续施加压力，并在1529年包围了维也纳。尽管查理的弟弟斐迪南承担着入侵的主要冲力，但是最终为匈牙利臣民的安全负责的人明显是皇帝。危险也不仅限于欧洲东部；巴巴里海岸的海盗（他们也忠于苏莱曼）对西班牙、巴利阿里群岛和西西里海岸构成了长久威胁，这种威胁极为严重，以至于查理亲自参与了两次对北非的远征：在1535年攻占了突尼斯的远征和无力夺取阿尔及尔的1541年远征。但比这些更重要的是一个简单的事实，即按照皇帝这个身份的要求，皇帝应该是基督教世界的保护者，对于皇帝来说，奥斯曼苏丹代表着敌基督。年轻时，查理曾梦想着一场把异教徒赶回亚洲草原的光辉的泛欧洲十字军战争，这场战争会让君士坦丁堡再次成为一座基督教都城。但在晚年，他已经逐渐接受了这件事不会出现的现实，它仍旧是个梦想。但他本人始终对苏莱曼抱有敌意，他从未原谅他的姐夫与奥斯曼宫廷维持的越发友好的关系。

弗朗索瓦自然是以完全不同的视角看待苏丹。他已被帝国包围，一侧是西班牙，另一侧是低地国家、德意志和奥地利。他无法忘记自己曾当过查理一年多的阶下囚，而他的两个儿子花费了儿时的四年宝贵时光为他们的父亲充当人质。前勃艮第公国是弗朗索瓦与他的内弟的关系中的另一个脓疮，他对米兰的所有权主张也是这样。难怪他们二人几乎总是处于战争状态。弗朗索瓦国王非常需要一个一起对抗皇帝的盟友；苏莱曼自己就可以从东部给帝国施压，因此他非常符合他的目标。苏莱曼的一个劣势是他的宗教。教皇会不时地提起十字军战争，而弗朗索瓦作为最笃信基督教的国王，不得不口头响应任何基督教世界的征兵号令。但也仅仅是口头：很明显，16世纪的欧洲因为多种原因而无法发动三四个世纪之前的那种十字军战争，而且弗朗索瓦很快就能自如地缓和苏丹的暴躁情绪。当我们读到1543年法兰西和土耳其联合包围尼斯、老海盗巴巴罗萨和他的整支舰队如何在土伦过冬并在那里一直待到来年4月时，我们真有些瞠目结舌。对于这种情形，整个西部欧洲都极为愤慨，而弗朗索瓦有很多解释工作要做。但是即便是巴巴罗萨在返程中蹂躏了数个明显属于帝国领土的岛屿，弗朗索瓦还是成功让自己摆脱了干系。

在我们的故事中的四位伟大主角中，苏莱曼是最后一个去世的。在西方的政治舞台上，演员阵容已经发生了巨大变化。巨人的时代已经离去，16世纪下半叶与16世纪上半叶的风貌因此大不相同。16世纪下半叶有一位君主值得夸耀，即伊丽莎白女王，她与我们的四位主角一样伟大，或许更伟大。但在她的同时代君主中，只有一位让她能看在眼里，那就是她的姐夫西班牙的腓力。腓力是个阴郁、道貌岸然的人，他甚至比他的父亲更加虔诚，但他远没有父亲明智。在法国，亨利二世、弗朗索瓦二世、查理九世和亨利三世组成了一套沉闷的四重奏；亨利四世在1589年即位后，局面才终于好转。在神圣罗马帝国，查理的弟弟斐迪南和斐迪南的儿子马克西米利安非常无趣；他们之后的鲁道夫二世确实富有趣味，但他将一生的大部分时间都花在了在布拉格研究炼金术和占星术上。至于土耳其人，苏莱曼本来可以，也应该让他的儿子穆斯塔法继位，但苏莱曼最终的继承人塞利姆二世却是奥斯曼家族中最不成器的。穆斯塔法拥有他的父亲的所有品质，而且他肯定可以带领奥斯曼帝国走向新的辉煌；塞利姆二世却名副其实地以"酒鬼"之名为人们熟知。在塞利姆二世的统治下，曾经强大的奥斯曼帝国的士气开始低落，这个帝国漫长、缓慢但不间断的衰落也开始了。

但这个世纪的上半叶确实值得称颂。纵观欧洲历史，还有另一个 50 年能与之比肩吗？囊括进这短短 50 年中的，是文艺复兴鼎盛期、路德与宗教改革、探索美洲、金缕地之会上例示过的华冠丽服和宏大场面，以及那四位令人难忘的杰出君主——他们每个人都在自己统治过的土地上留下了不可磨灭的印记，并且他们共同改造了文明世界。

参考文献

Brandi, K., *The Emperor Charles V*, trans. C. V. Wedgwood, London, 1949.

Bridge, A., *Suleiman the Magnificent, Scourge of Heaven*, New York, 1983.

Clot, A., *Suleiman the Magnificent: The Man, His Life, His Epoch*, London, 1992.

Eggenberger, E., *A Dictionary of Battles*, London, 1967.

Hammer-Purgstall, J. von, *Historie de l'Empire ottoman depuis son orgine jusqu'ànos jours*, Paris, 1835-48.

Kinross, Lord, *The Ottoman Centuries*, London, 1977.

Knecht, R. J., *Francis I*, Cambridge, 1982.

Lacey, R., *The Life and Times of Henry VIII*, London, 1972.

Loades, D., *Henry VIII*, Stroud, 2011.

MacCulloch, D., *Reformation: Europe's House Divided, 1490-1700*, London, 2003.

Mattingly, G., *Catherine of Aragon*, New York, 1942.

Michelet, J., *François I et Charles Quint 1515-47*, Paris, 1880.

Motley, J. L., *The Rise of the Dutch Republic*, London, 1855.

Pollard, A. F., *Wolsey*, London, 1929.

Russell, J. G., *The Field of the Cloth of Gold*, London, 1969.

Scarisbrick, J. J., *Henry VIII*, 2nd edn, New Haven, CT, 1997.

Seward, D., *François I: Prince of the Renaissance*, New York, 1937.

Starkey, D., *Henry: Virtuous Prince*, London, 2008.

Terrasse, C., *François I, le roi et le règne*, Paris, 1943-8.

Tyler, R., *The Emperor Charles the Fifth*, London, 1956.

Williams, N., *Henry VIII and His Court*, London, 1971.

出版后记

16世纪上半叶,欧洲历史舞台上同时活跃着英格兰国王亨利八世、法国国王弗朗索瓦一世、神圣罗马帝国皇帝查理五世和奥斯曼帝国苏丹苏莱曼大帝这四位伟大的君主。在文艺复兴和宗教改革的时代,他们之间的联姻、结盟、攀比和战斗,他们之间的友情、敌对和竞争,交织出了世界史上丰富多彩的半个世纪,并为现代欧洲奠定了基础。

本书作者约翰·朱利叶斯·诺威奇是英国著名的大众历史学家,他编著有几十部书籍,为英国广播公司制作过约三十部纪录片。在诺威奇写作《地中海史》一书时,他萌发出把亨利八世、弗朗索瓦一世、查理五世和苏莱曼大帝作为一个独特的整体进行研究的想法。十余年后,《四君主》出版。对于这个复杂的叙述主题,除了讲述金缕地之会、亨利八世婚姻宣判无效案、莫哈奇之战、马耳他之围等欧洲历史上为人所熟知的事件,诺威奇还在本书中插入了大量生动的细节,令本书既内容充实又趣味盎然。

由于编者水平有限,本书难免有各种疏漏,敬请广大读者批评指正。

服务热线: 133-6631-2326　188-1142-1266
读者信箱: reader@hinabook.com

后浪出版公司
2018年5月

© 民主与建设出版社，2018

图书在版编目（CIP）数据

四君主 /（英）约翰·朱利叶斯·诺威奇
(John Julius Norwich) 著；蔡雨玹译. -- 北京：民
主与建设出版社，2018.7
书名原文：Four Princes: Henry VIII, Francis I,
Charles V, Suleiman the Magnificent and the
Obsessions that Forged Modern Europe
ISBN 978-7-5139-2188-6

Ⅰ. ①四… Ⅱ. ①约… ②蔡… Ⅲ. ①世界史—通俗
读物 Ⅳ. ①K109

中国版本图书馆CIP数据核字(2018)第127980号

Copyright © John Julius Norwich, 2016
This edition arranged with Felicity Bryan Associates Ltd. through Andrew Nurnberg Associates International Limited
This simplified Chinese edition published by Ginkgo (Beijing) Book Co., Ltd. 2018
本书简体中文版由银杏树下（北京）图书有限责任公司出版。

版权登记号：01-2018-5066
审图号：GS（2018）3248

四君主

SIJUNZHU

出 版 人	李声笑
著　　者	[英]约翰·朱利叶斯·诺威奇
译　　者	蔡雨玹
出版统筹	吴兴元
责任编辑	王　颂　袁　蕊
特约编辑	李翠翠
封面设计	墨白空间·陈威伸
出版发行	民主与建设出版社有限责任公司
电　　话	（010）59417747　59419778
社　　址	北京市海淀区西三环中路10号望海楼E座7层
邮　　编	100142
印　　刷	北京盛通印刷股份有限公司
版　　次	2018年9月第1版
印　　次	2019年12月第3次印刷
开　　本	889毫米×1194毫米　1/32
印　　张	9
字　　数	187千字
书　　号	ISBN 978-7-5139-2188-6
定　　价	68.00元

注：如有印、装质量问题，请与出版社联系。